Martin Kähler

Der Hebräerbrief

In genauer Wiedergabe seines Gedankenganges

Martin Kähler

Der Hebräerbrief
In genauer Wiedergabe seines Gedankenganges

ISBN/EAN: 9783743628625

Hergestellt in Europa, USA, Kanada, Australien, Japan

Cover: Foto ©Lupo / pixelio.de

Weitere Bücher finden Sie auf **www.hansebooks.com**

Der Hebräerbrief

in genauer Wiedergabe seines Gedankenganges

dargestellt

und durch sich selbst ausgelegt

von

Martin Kähler.

2. Auflage.

———————

Halle,

Verlag von Julius Fricke.

1889.

Diese Inhaltsangabe, vor mehr als zwei Jahrzehnten für meine Vorlesungen als Manuskript gedruckt, habe ich vor acht Jahren in neuer Ausarbeitung veröffentlicht. Die damals ausgesprochene Frage, ob diese Behandlung der biblischen Schriften sich für andre dienlich erweisen möge, ist nun beantwortet, indem der Vorrat vergriffen ist und der Herr Verleger eine Erneuerung wünscht. Leichtere, aus dem fortgehenden Gebrauche beim Vortrage sich ergebende Änderungen mögen sich nach des Verfassers Wunsche als Besserungen ergeben. Die damals bereits gebotene Auskunft über Sinn und Art dieser Arbeiten lasse ich als Einleitung für die hoffentlich wachsende Reihe gleichartiger Umrisse unverändert folgen.

Wenn ich Vorarbeiten weder ausdrücklich nenne noch mich mit solchen auseinandersetze, so versteht sich das um so mehr von selbst, als für diese Arbeit Vorarbeiten im engeren Sinne kaum vorhanden sind. Wo ich von Auslegern, welche sich ernstlich auch um den Gedankengang bemühen, abhängig bin, wird der Kenner so gut bemerken, als wo ich meine Wege gegangen bin. Mir fällt alles Gewicht für diese Blätter auf die zusammenhängende Entwickelung der Gedankenbewegung. Sie soll die Probe dafür liefern, daß das Verständnis der Schrift wirklich gewonnen ist. Hier soll nicht mehr gesucht, untersucht, geforscht werden, sondern das Gefundene zur Darstellung kommen. Diesem Zwecke dient die Umschreibung. Dieselbe muß sich bescheiden; sie kann die rednerische Kunst und Schönheit der Schrift nicht wiedergeben; das wäre die Sache einer freien Uebersetzung. Die Umschreibung ist gedrängte Auslegung; deshalb muß sie, so weit es nötig ist, den Abstand zwischen dem Text und dem Leser ausgleichen, während die Uebersetzung diese Aufgabe dem Leser überlassen darf. Deshalb muß jene auch, bei allem Streben nach Kürze, verbreitern. Sofern aber das Verständnis von der Einsicht in die Gliederung des Gedankenganzen abhängt, kann sie ihrer Aufgabe nur genügen, indem sie diese Gliederung sichtbar macht, namentlich es dem Leser ermöglicht, dieselbe bewußt zu verfolgen und fest zu halten. Diesem Zwecke dienen neben kürzeren Zu-

sätzen längere Einschübe, welche an den wichtigeren Wendepunkten
im voraus die Uebersicht über ganze Abschnitte darbieten. Alle
diese Zusätze durch Klammern von dem eigentlichen Berichte ab=
zusondern, hätte den Text mit zu vielen Zeichen beladen; je mehr
sie aus dem rechten Verständnisse geschöpft sind, desto weniger sind
sie ja auch etwas Frembes. — Durch sperren habe ich die Worte
ausgezeichnet, um welche sich die Gedankenbewegung jedesmal zu
drehen scheint; es ist ein Versuch, die Höhepunkte herauszuheben,
nach denen sich die Züge und Lagerungen des Gedankenstoffes im
großen berechnen lassen. Es will mir scheinen, als wäre dies
Beobachten von Wurzeln und Spitzen der sich entwickelnden An=
schauungsmassen oft lehrreicher und führe tiefer in das Denken
der Verfasser hinein, als der Versuch, ihren Text nach unserer,
oft genug dogmatischen Logik zu gliedern und zurechtzurücken.
Seltener sind auch abstractere, von mir eingeschobene Hilfsbegriffe
herausgehoben, um die Uebersichtlichkeit zu steigern. Wo ich über
die Lesart nicht sicher werden kann und diese Unsicherheit nicht
bedeutungslos ist, steht die andre Möglichkeit daneben in [ ]; in
seltenen Fällen ist eine andre Auslegung, welche der befolgten gleich
möglich zu sein schien, beigefügt [?].

Der Erleichterung des Verständnisses sollen auch die An=
führungen unter dem Striche dienen; allerdings können sie nur
für eine Durcharbeitung förderlich sein; bei zusammenhängendem
Lesen wird man die Störung durch die eingefügten Zahlen leicht
überwinden, wenn man dieselben entschlossen übersieht. Dort hat
die vielfache Benützung alttestamentlicher Stellen und die noch
häufigere Anlehnung an Thatsachen und Anschauungen, die in
den Schriften des alten Testaments verzeichnet sind, ihren Nach=
weis gefunden; das Maß inbetreff der letzten wird immer etwas
willkürlich sein. Da der Verfasser des Briefes die alte griechische
Uebersetzung des alten Testamentes benützt und seine Ausdrucks=
weise daher entlehnt, auch mehrfach durch die Abweichungen der=
selben beeinflußt ist, mußte an solchen Stellen eine Andeutung
gegeben werden; das ist durch Beifügung des üblichen LXX ge=
schehen. Aus den neutestamentlichen Büchern sind nur die wenigen
Stellen angeführt, welche nach meiner Ansicht die Quellen für
Gedankengänge unsers Verf. enthalten oder auf dieselben, nämlich
auf urchristliche Lehrüberlieferungen, zurückweisen, vor allem Matthäi

22, 43 und 26, 28. Außerdem sind viele Rück= und Vor=
Weisungen innerhalb des Briefes selbst gegeben; bloße Vers=An=
gaben gehen auf das Kapitel, zu welchem die Anführung gemacht
ist. Da diese Schrift ebenso eigenartig als in sich zusammen=
geschlossen ist, scheint ein solcher Versuch, ihr gewissermaßen die
eigene Auslegung zu übertragen, bei ihr besonders berechtigt.

Die Inhaltsübersicht schicke ich voran zur vorläufigen Ueber=
schau und zur bequemen Wiederholung. Die kurzen stichwort=
artigen Ueberschriften drängen sich meistens von selbst auf; sie
wollen nicht erschöpfen, auch nicht das feinere Gefüge zur Einsicht
bringen; diesem Zwecke dienen die angefügten Inhaltsangaben.
Vielmehr dürften jene Ueberschriften vielleicht dienen, den reichen
Inhalt der Schrift unter dem Gesichtspunkte rednerischer Ver=
wertung vorzuführen. Daß es mißlich ist, eine solche Schrift
nach Zahlen und Buchstaben zu gliedern, erkenne ich an; allein
es ist doch kaum möglich, auf andre Weise recht eindrücklich zu
machen, daß sie unter aller gemächlichen Ausführung doch einem
wohlgeschlossenen Gedankengange folgt. Und da die Ausleger nicht
selten geneigt sind, bei der Herausstellung eines solchen gegen ihren
Verfasser und noch mehr gegen sich selbst sehr nachsichtig zu sein,
darf man hier eher etwas zu viel als zu wenig thun. Uebrigens
ist ja damit nur ein Gerüste geboten, das jeder beiseite lassen
kann, um sich allein der Umschreibung zu bedienen.

Die sogenannten Einleitungsfragen, d. h. die nach Zeit, Be=
stimmungsort und Verfasser dürfen meines Ermessens bei diesem
Briefe keinen Einfluß auf die Auslegung üben; vielmehr hängt
ihre, übrigens kaum bis zur Wahrscheinlichkeit zu bringende, Be=
antwortung in erster Linie von unbeeinflußter Erhebung über
Inhalt, Gesamtzweck und Voraussetzungen dieser Belehrung ab.
Deshalb habe ich jede Hinweisung auf solche Annahmen vermieden;
und das ist der Sache nach nicht schwer geworden. Um so reiner
kommt das Bleibende dieses Zeugnisses zur Geltung.

Inhaltsübersicht.

Die Zugehörigkeit zu Jesu Christo, dem Sohne Gottes, dem Boten und Hohepriester unseres Bekenntnisses begründet für die Geheiligten des neuen Bundes die Pflicht zum Festhalten am Glauben und an dem Bekenntnis der Hoffnung.

Auf die ihrem Inhalte nach mannigfach geteilte und in 1.
mannigfaltiger Darstellungsform vollzogene Wortoffenbarung, welche
er vor alters den Vorfahren Israels bis zum Verstummen der
Prophetie dargeboten hatte, indem er hiezu in der Reihe Gott=
besprachter Männer wirksam wurde, hat Gott in der Endzeit des
laufenden Weltalters die Fortsetzung der Wortoffenbarung an die
Christen folgen lassen, indem er hiezu in einer Person wirksam
wurde, welche sonderlicher Art in dem Verhältnisse eines S o h n e s
zu ihm stand, so daß die nähere geschichtliche Bestimmung dieses 2.
Verhältnisses bei d i e s e m Sohne der abschließenden Offenbarungs=
rede in ihrer Zusammenfassung diejenige Vollkommenheit verbürgt,
welche der früheren Offenbarungsrede eben in ihrer Gebrochenheit
und Unfertigkeit abging. Denn ihn hat Gott in allumfassendes a.
Erbeigentum[1]) eingesetzt, eben ihn auch bei der Erschaffung b.
der Welt samt ihrer Entwickelung als Werkzeug gebraucht; und 3.
dem entspricht eine Majestätshandlung, welche derselbe einerseits
inkraft seines Wesensverhältnisses zu Gott und seines daraus
folgenden Verhältnisses zum Weltall, anderseits nach Vollen=
dung eines sündentilgenden Werkes vollzogen und mit welcher
seine Würde als Offenbarungsmittler vollen Ausdruck gewonnen
hat. Er ist nämlich Darstellung des Wesens Gottes, rücksichtlich a.
sowohl der offenbarenden Erscheinung als der auf sich beruhenden
Bestimmtheit dieses Wesens, aus jener hervorgehend wie aus
einem Lichte das Erzeugnis seiner Ausstrahlung und zugleich ge=
nauester Abdruck von dieser; und in Zusammenhang hiermit ver= b.
fügt er über das All mit Gottes [? seinem] Machtworte. Als c.
solcher ist er, nachdem er [ohne sich dazu eines Mittels außer
seiner Person zu bedienen] allgemeingiltige R e i n i g u n g v o n
S ü n d e n zustande gebracht hat²) in die Gemeinschaft der

---

1) Pf. 2, 8. — 2) 10, 12—14 vergl. B. 1. 2. 9, 21—23. —
LXX zu 2 Mof. 29, 36. 37. 30, 10. 3 Mof. 16, 19. 30. Hiob 7, 21.

Herrſcher = würde und = macht Gottes in dem überirdiſchen Ge=
biete eingetreten, indem er ſich zur Rechten der göttlichen

4a. Majeſtät niederließ[1]). Und dadurch hat er die über=
irdiſchen Gottesboten, die Engel an Machtſtellung in einem

b. Grade überholt, für den die Vorzüglichkeit des in ſeinem Werte
eben entwickelten, ihm in der Verheißung zuerkannten Namens,
nämlich des Sohnesnamens, vor ihrem Berufsnamen den Maß=

5. ſtab bietet. Und das bezeugt Gott durch ſein Wort in heiliger
Schrift. Hat er doch niemals einem der Engel jenen Namen[2])
gegeben, wie dem meſſianiſchen Könige in ſeiner Anrede an den=
ſelben[3]) und bei der Verheißung inbetreff des Davidsſohnes[4]).

6. Dem Augenblicke aber, wann er dieſen einzigartigen Sohn, den
verheißenen Erſtgeborenen[5]) zum zweitenmal in die Menſchen=
welt einführen wird, gilt das Schriftwort, in welchem den Engeln
die Huldigung für ihn abverlangt wird[6]); durch dieſe Huldigung
wird dann die dem Namen entſprechende jetzt verborgene Er=

7f. habenheit[7]) über ſie auch heraus treten. Ebenſo wird auch
in dem Schriftworte Würde und Weltſtellung beider Teile
entſprechend dem oben entwickelten Inhalte des Sohnesnamens
beſtimmt. Während die Engel eben als Boten und Diener Gottes
im Naturgebiete ſeiner geſtaltenwandelnden Macht unterliegen[8]),

8. 9. erhält dieſer als meſſianiſcher König auf beſtändigem Throne,
ferner ausgerüſtet mit dem Scepter göttlicher Majeſtät und um
ſeines ſittlichen Verhaltens willen von Gott belohnt, zweimal die

10. Anrede „Gott"[9]); und ihm gilt die anbetende Anrede an den
Herrn (Jehovah), in der ſich das bedrängte Iſrael des Endes

11. 12. getröſtet: eben er, der Herr werde, wie er im Anbeginn das
Weltall geſchaffen, bereinſt die Umwälzung auch des Himmels
vollziehen, während er ſelbſt unwandelbar und ewig iſt[10]). Hängt

13. bergeſtalt ſeine Erhabenheit über die Engel mit ſeiner Gottheit
und dem daraus folgenden Verhältniſſe zur Welt zuſammen, ſo
kommt ſie in der von Gott geordneten Stellung beider Teile
zur Heilsgeſchichte voll zur Erſcheinung. Wie wenig nämlich

---

1) 8, 1. Matth. 22, 43. 44. 26, 64. — 2) B. 4b. — 3) Pſ. 2, 7.
— 4) 2 Sam. 7, 14. — 5) Pſ. 89, 28 vgl. 2 Moſe 4, 22. — 6) 5 Moſ.
32, 43 LXX vgl. Pſ. 97, 7. — 7) B. 4a. — 8) Pſ. 104, 4. — 9) B. 3a.
Pſ. 45, 7. 8. — 10) B. 3b. B. 2b. vgl. 13, 8. 12, 26f. — Pſ. 102,
26—28.

ferner daran gedacht werden kann, einem Engel jenen Gottes=
fpruch [1]) zuzueignen, welcher den Meffias in die Gemeinschaft der
Herrscher = würde und = macht Gottes erhebt [2]), und feine unbe=
ftrittene Herrschaft zum Ziele der Wirkung Gottes auf die Ge=
schichte macht [3]), erhellt daraus, daß man sie vielmehr ohne Aus= 14.
nahme als bienende Geistwesen kennt, die zur Dienstleistung mit
dem Abfehen ausgeschickt werden, daß sie den dazu beftimmten
Menschen zum Erbanteile an der Errettung verhelfen [4]).

Wie aus dieser Vergleichung der O f f e n b a r u n g s m i t t l e r 2, 1.
erhellt, drängt alles darauf hin, daß die Christen dem, was
sie vernommen haben, in fonderlichem Maß ihre Achtsamkeit zu=
gewandt halten, um nicht vollends davon ab in Unglauben hinein
zu geraten [5]); denn was steht ihnen in dem Falle unter Voraus=
fetzung jener Erkenntnis in Aussicht? Das Wort, welches da= 2.
durch gekennzeichnet ist, daß es nur durch E n g e l vermittelt
wurde [6]), nämlich das des Gefetzes, war doch so unverbrüchlich
giltig, daß ausnahmslos jede Abweichung die in ihm festgefetzte
Strafe empfing. Wie viel weniger werden die Christen der schließ= 3.
lichen Strafe entrinnen, wenn sie die thatfächlich dargebotene Er=
rettung [7]) gering ,geachtet haben, wie diefelbe in ihrer, von den
Lefern ja vernommenen, Verkündigung alle Beachtung herausfordert.
Nachdem nämlich der Anfang ihrer Ankündigung eben durch den
H e r r n [8]) statt durch bienende Geister gemacht war, hat sich deren
Ueberlieferung an die folgende Generation von Christen durch die
Ohrenzeugen auf eine für deren Giltigkeit bürgende Weife voll=
zogen, zumal Gott noch selbst diefem Vorgange sein unmittelbares 4.
Zeugnis beigegeben hat. Denn jener Verkündigung und ihrer
Wirkung gab er zum Geleit bedeutfame und ins Auge fallende
übernatürliche Ereignisse, mannigfaltige Kraftwirkungen gleicher
Art und Austeilungen von Geiftes = Gaben in den aus diefer
Verkündigung erwachsenen Gemeinden, deren Verteilung sich allein
auf seine Willensentscheidung zurückführen läßt.

Der Wert der Verkündigung wird indes neben diefer 5 f.
andersartigen Bürgschaft für ihre Giltigkeit nicht allein durch die

1) Pf. 110, 1. Mtth. 22, 44. — 2) B. 3. — 3) B. 2 a. — 4) B. 2 a. 6,
17 f. 5, 9. — 5) Spr. Sal. 3, 21 LXX. — 6) Gal. 3, 19. Apg. 7, 38. 53
vgl. Pf. 68, 18. 5 Mofe 33, 2 LXX. — 7) 1, 14. — 8) 1, 10. Mtth. 22, 45.

zuvor besprochene **Erhabenheit** ihres Urhebers **über die
Engel**, sondern ebenso sehr durch seine **Niedrigkeit** im ver=
gliche mit ihnen begründet, sofern dieselbe die Voraussetzung für
den Inhalt der Verkündigung bildet, nämlich für die Errettung,

5. deren Wichtigkeit an unserer Bedürftigkeit zu messen ist. Denn
nicht an Wesen von der **Engel**gattung, die einer Errettung nicht
bedürfen, hat Gott die **Herrschervollmacht** über die Welt
verliehen, nämlich über die **künftige** Welt, deren die Christen als
Frucht jener Errettung harren und um die es sich deshalb bei

6. dieser Erörterung handelt; — vielmehr einem von der Gattung
der dem Tode verfallenen Menschen; denn in diesem
Sinne spricht jemand in einer Schriftstelle [1] sein Staunen darüber
gegen Gott aus, daß er den hinfälligen Menschen seiner Sorge

7a. wert achtet, ihn zeitweilig im vergleich mit der Engelgattung
b. **erniedrigt**, vor andern Geschöpfen durch Verleihung von

8. **Herrlichkeit** ausgezeichnet, ihm **Herrschervollmacht** über
alles verliehen hat. In dieser Äußerung ist die Bedingtheit jener
Herrschaft durch den Anteil an nicht = engelhafter Beschaffenheit
bezeugt. Denn jene **Herrschervollmacht** über das All gilt
dem Wortlaute nach ausnahmslos; in der Gegenwart nimmt
man indes ihre Verwirklichung nicht wahr (und steht dieselbe

9a. mithin noch aus); wohl aber erschaut man den als Träger ihrer
Verwirklichung durch die zeitweilige **Erniedrigung** im vergleich
mit der **Engel**gattung [2] gekennzeichneten Menschen[3], nämlich

b. **Jesum**, wie das über das Geschlecht waltende Todesleiden der
Grund für seine **Verherrlichung**[4] geworden ist und zwar

c. dergestalt, daß es als Zweck dieses gesamten kundbaren Erlebnisses
erscheint, wenn er eine wirkliche Erfahrung vom Tode gemacht
hat, die allein in Gottes Gnade ihren Grund hatte, und darum einem
jeden Menschen ohne Ausnahme zu gute kommt. So folgt denn
jene Erniedrigung aus Gottes Gnadenabsicht für uns Menschen,

10f. sofern wir dem Tode verfallen sind. Denn es hat sich unter
diesem Gesichtspunkte für ihn als den, an welchem der Weltlauf
Grund und Vermittelung hat, also für den Lenker der Welt ge=
schickt, diese wichtigste Fügung seiner Weltlenkung, die (in ihrer
beabsichtigten Wirkung betrachtet) eine Fülle zu seinen **Söhnen**

---

1) Pf. 8, 5 — 7 LXX. — 2) B. 7a. — 3) B. 6. — 4) B. 7b.

geworbener Menschen zur Herrlichkeit[1]) geführt hat, so zu voll=
ziehen, daß er den, welcher als ihr Genoß zugleich der Urheber
ihrer dazu erforberlichen Errettung werben sollte, burch Leiden zu
ber Vollenbung brachte, bie ihn für biefen feinen Beruf befähigt.
Denn zunächst find biefe, bie Söhne unb ber Heilsfürst, vor Gott 11.
eine Genossenschaft, welche burch bie Aussonberung aus ber Welt
für Gott b. i. bie Heiligung[2]) zwar nur wie beren Urheber unb
Gegenstänbe, aber bamit boch zu einer Gesamtheit verbunben
find, bie auf Einen als Begrünber zurückgeht. Diefe Verbinbung
ist benn auch ber Grunb, weshalb jener es nicht unter feiner Würbe
hält, im alttestamentlichen Worte ben Gliebern ber Gemeinde ben 12.
fie ihm gleichstellenben Namen „Brüder"[3]) zu geben, unb weshalb 13.
er bie bafür erforberliche Gefinnung ausbrückt, wenn er eben
bort sich zum gläubigen Vertrauen auf Gott bekennt[4]) unb in
feinem Verhältnisse zu Gott sich mit bem ihm anvertrauten Got=
teskinbern gleich stellt[4]). Diefe Kinblein bes alttestamentlichen 14.
Wortes, bie von Gott ihm gegebenen Brüder, haben ferner als
Menschen alle gleichmäßig bie finnliche sterbliche Natur. Diefer
Umstanb ist unter Voraussetzung jener (heilsgeschichtlich bebingten)
Verbinbung ber erklärenbe Grunb für fein thatsächlich voll=
zogenes burchaus gleichmäßiges Eingehen in biefelbe Natur[5]),
währenb basselbe feinen zwingenben Zweck an ber Aufgabe hat,
kraft bes ihm baburch möglich geworbenen Sterbens[6]) auf bie
Tobesmacht unb auf bie ihr unterworfenen Lebenben zu wirken.
Durch ben Tob war er nämlich imstanbe ben, bem ber Tob zur
Verfügung steht, bas ist aber ber verleumberische Verkläger[7]), auf
biefem Machtgebiete besselben außer Wirksamkeit zu fetzen, zugleich 15.
aber bie zu befreien, welche währenb ihres ganzen Lebens burch
Tobesfurcht ber Knechtschaft verhaftet waren. Nur um fie aber 16.
hanbelt es sich; benn fein erlösenbes Zugreifen richtet sich nicht
auf Wefen ber unsterblichen Engelgattung, fonbern auf Abra=
hams Nachkommenschaft ober bie Gemeinde Gottes im Fleische[8]).
War bies feine Aufgabe, so ergab sich auch als feine Schulbigkeit, 17.
ganz bas burch ihre Natur bebingte Loos berer, zu beren Bruber[9])

1) B. 9b. B. 7b. — 2) 2 Mof. 19, 5. 6. 10f. 3 Mose 19, 2
vgl. 11, 44. 45. 20, 26. 24. — 3) Pf. 22, 23. — 4) Jefaja 8, 17. 18
LXX. — 5) B. 9a. — 6) B. 9c. — 7) Hiob 2, 1f. vgl. Offenb. 12, 10.
11. 1. Petr. 5, 8. — 8) B. 11. — 9) B. 12. 10.

er geworden, zu teilen, damit er werde, weſſen ſie zu ihrer Er=
rettung bedurften, erbarmungsvoll gegen ſie[1]) und gegen Gott
treu als Hoheprieſter b. h. als der, welcher ſie in ihrem
Verhältniſſe zu Gott ſo vertrete, daß er durch die Sühne der
Sünden derſelben[2]) als des Gottesvolkes[3]) die Ermöglichung
ihrer Gemeinſchaft mit Gott beſchaffe[4]). Durch jene Teilnahme
wurden nämlich dieſe für das erlöſende Zugreifen unentbehrlichen
18. Beſchaffenheiten erworben; denn hat er nun das Leiden zum
Tode[5]) hinter ſich, wobei er ſelbſt erfahren hat was Verſuchung
iſt, ſo iſt er befähigt denen zu helfen, die ſich in gleicher Lage
befinden und denen dieſelbe angedeuteter Weiſe[6]) je und je zur
Verſuchung wird.

Fordern alſo das Bedürfnis der Menſchen und die danach
bemeſſenen Gnadenzwecke Gottes, daß der Urheber ihrer Errettung
den Leiden zum Tode unterworfen werde, ſo begründet nun
3, 1f. ſeine auf dieſem Wege erlangte Vollendung zum meſſianiſchen
Vollender des Gottesvolkes für die Geheiligten[7]) die Pflicht, den
hoffenden Glauben angeſpannt zu bewahren. In dieſem Sinne
werden die Leſer an die ihnen gewordene Beſchaffenheit und an
den Wert des Heilsfürſten in ſeiner Stellung zum Gottesvolke
1. erinnert. Deshalb weil er ihnen ſo hilfbereit nahe gerückt iſt,
ſollen die Leſer, mit dem Verfaſſer als Brüder in jener aus der
Welt für Gott ausgeſonderten Genoſſenſchaft verbunden[8]), durch
Annahme der Berufung in den Stand dem Himmel (und der
künftigen Welt[9]) Zugehöriger verſetzt, ihre Aufmerkſamkeit dem,
zu dem ſie ſich mit allen Chriſten als zu dem prophetiſchen Gottes=
boten[10]) und Hohepriester[11]) in einer Perſon bekennen, dem Men=
2. ſchen Jeſus[12]) zuwenden, wie er ſeines Geſchäftes treu gegen
den, der ihn eben dazu gemacht und eingeſetzt hat, gleich Moſe,
in umfaſſender Stellung zu deſſen (Gottes) Hausweſen[13]) wartet;
3. dieſe Aufmerkſamkeit verdient er um ſomehr, da ihm eben höhere
Amtsehre im vergleich mit Moſe zuerkannt iſt, und zwar iſt
deren höherer Grad nach dem Mehr von Wert zu beſtimmen,
das im vergleich mit dem je infrage ſtehenden Hauſe dem zu=

---

1) V. 18. 4, 15. — 2) 5, 1. 2. 8, 3. 9, 7. 12—14. 25.—28. —
3) V. 16. — 4) V. 11. N.[7]) vgl 2 Moſe 28, 36—38. — 5) V. 10. 9. —
6) V. 14. 15. — 7) 2, 11. — 8) 2, 10—13. — 9) 2, 5. — 10) 1, 1. 2, 3.
— 11) 2, 17. — 12) 2, 9. — 13) 2, 17. 16. 4 Moſ. 12, 7.

kommt, der es hergeſtellt hat. (Dieſe Vergleichung iſt durch den
bildlichen Ausdruck nahe gelegt und dient dazu das Verhältnis
der beiden mit einander Verglichenen durch Darlegung ihrer ver=
ſchiedenen Stellung zu Gott näher zu beſtimmen.) Giebts doch 4.
für jedes Haus einen, von dem es hergeſtellt wird; der aber, von
dem ausſchließlich gilt, daß er nicht nur dieſes Hausweſen, ſondern
alle Dinge [? auch jene beiden] hergeſtellt hat, das iſt Gott; und 5.
im Verhältniſſe zu ihm ſtellt ſich jener Unterſchied innerhalb der
Gleichheit t r e u e r Erfüllung des dieſen beiden allein in um=
faſſender Stellung zu ſeinem Hausweſen gewordenen Auftrages
näher ſo, daß Moſe das thut als Haus = D i e n e r, beſtimmt die
Reden Gottes zu bezeugen, die er je und je zu erwarten hatte[1]);
Chriſtus (als der Meſſias oder der verheißene König über Gottes 6.
Volk) aber das thut als über das Hausweſen geſtellter S o h n[2])
des Herrn und Herſtellers deſſelben. — Und dieſes Hausweſen[3])
das nun der Meſſias als Gottesbote und Hoheprieſter ſtatt des
Moſe [? und ſeiner nachgebliebenen Zeugniſſe über Gottes Willen]
überwaltet, bilden die Chriſten unter der Bedingung, daß ſie die
freudige Z u v e r ſ i c h t und die H o f f n u n g[4]) als Grund fröh=
lichen Rühmens feſthalten. Deshalb ziemt ihnen daſſelbe, was 7.
den Zugehörigen dieſes Hauſes unter Moſes Waltung geziemt
hat, wie der heilige Geiſt im Schriftworte[5]) für das H e u t e der
Leſer eine Warnung vor Verſtockung gegenüber dem Offenbarungs= 8.
worte[6]) ausſpricht unter Hinweis auf das Beiſpiel, welches Jsrael
auf der Wüſtenwanderung gegeben, indem es von dem erſten
Falle des Gott verſuchenden Haderns[7]) ab vierzig Jahre lang 9.
denſelben in ſeiner doch fort und fort geſchauten Wundermacht
auf die Probe ſtellte und dadurch ſeinen Zorn reizte und durch 10.
die Unfügſamkeit gegen ſeine Leitung den Racheſchwur hervorrief, 11.
der den Eintritt i n ſ e i n e v e r h e i ß e n e R u h e verwehrte[8]).
Jn brüderlicher Zurede werden demgemäß die Leſer vor dem wohl 12.
möglichen Eintritt des Falles gewarnt, daß bei jemanden in ihrer
Mitte ſich die ſ ü n d i g e G e ſ i n n u n g des U n g l a u b e n s
finde und ſich im Abfalle von dem lebendigen, ſein Wort mit

---

1) 4 Moſe 12, 8. 5 Moſe 8, 19. 32, 46. — 2) 1, 1. 2a. —
3) 8, 10. — 4) B. 1. 1, 14. 2, 1. 3. — 5) Pſ. 95, 7f. — 6) 1, 1. 2, 1f.
— 7) 2 Moſe 17, 1—7. — 8) 4 Moſe 14, 10—35.

13. der That bestätigenden Gotte ¹) erweise. Dem sollen sie entgegen=
    treten, indem sie einander unausgesetzt, solange in der christlichen
    Verkündigung jenes Heute erschallt, zureden, um zu verhüten,
    daß in ihrer Mitte ein solcher Fall der Verstockung durch den

14. Trug jener Grund=Sünde des Unglaubens vorkomme, da sie
    ja in die Genossenschaft des Messias ²) eingetreten sind und blei=
    ben, doch unter der Bedingung, daß die Glaubenszuversicht, mit
    der sie den Anfang gemacht haben, bis ans Ende fest bewahrt wird.

15. Das müssen sie von jener vorbildlichen Geschichte lernen: denn,
    worauf zielt jene Warnung der Schrift vor der Verstockung an=

16. ders als auf den Unglauben? Hat nicht wie die vernommene
    Ankündigung so die mit Gott habernde Gesinnung die Gesamt=
    heit derer umfaßt, welche die Erlösung aus Egypten durch Mose

17. erfahren hatten? wurde nicht der anhaltende Zorn Gottes durch
    die Sünde derselben hervorgerufen, die auch in der Wüste ihren

18. Untergang fanden? Wem anders galt der Racheschwur, welcher
    den Eintritt in seine verheißene Ruhe verwehrte, als den Unge=

19. horsamen? und so war augenscheinlich, was ihnen thatsächlich

4, 1. jenen Eintritt verschloß, ihr Unglaube. Darauf gründet der
    Verfasser die Aufforderung, gleich ihm mit vorsorgender Furcht
    es zu bemerken, wenn etwa trotz fortdauernder Giltigkeit einer
    Verheißung des Eintrittes in seine (Gottes) Ruhe, jemand
    unter den Lesern wähnte, für denselben zu spät gekommen zu

2a. sein. Denn wirklich haben sie ja Heilsangebot ganz ebenso

b. wie jene Vorfahren empfangen; aber das vernommene Wort
    hat die letzteren nicht gefördert, weil es nicht durch den Glau=
    ben angeeignet wurde von denen, die es doch vernommen

3. hatten ³). In eine Ruhe (welche eben von dem Einzug in
    Kanaan zu unterscheiden ist) einzutreten, stehen nämlich die Chri=
    sten eben als die zum Glauben gekommenen imbegriff, wie der
    Verfasser durch Beleuchtung des aus dem Psalm angeführten
    Gotteswortes erweist. Zu diesem Behuf erinnert er zunächst daran,
    daß ja Gott in seinem erwähnten Racheschwure noch von einem
    Eintritt in seine Ruhe geredet hat, während doch seine Werke

4. seit der Weltschöpfung vollbracht waren; daraus folgt, daß Gott
    seinem Volke an jener von ihm angetretenen Ruhe Anteil ge=

---

1) 10, 31. 12, 29. 9, 14. — 2) V. 6. — 3) 3, 15. 16.

währen will, wenn man das Gotteswort über den Schöpfungs-
sabbath, wonach damals Gottes Ruhen auf seine gesamte
Schöpferwirksamkeit gefolgt ist[1]), mit eben diesem Racheschwure ver= 5.
gleicht, welcher den Eintritt in seine Ruhe verwehrt. Weil also 6.
ferner der Eintritt in diese überhaupt in Aussicht steht und die=
jenigen, welchen er zuerst durch Heilsangebot bekunbet wurde, sich
durch Ungehorsam darum gebracht haben, so setzt Gott einen neuen 7.
Zeitpunkt dafür fest, indem er jenes Heute in Davids Lied nach
so langer Zeit ausspricht eben in jener dem behandelten Rache=
schwure vorangehenden Ermahnung[2]). Hätte nämlich Josua bei 8.
dem Einzuge in Kanaan jene (die zuerst das Heilsangebot empfingen)
wahrhaft zur Ruhe gebracht, so würde nicht so spät danach ein
andrer Zeitpunkt verkündigt und damit die fortbauernde Giltig=
keit der Verheißung bezeugt sein. So ergiebt sich, daß für Gottes 9.
Volk[3]) noch eine Sabbathfeier in Aussicht steht. Denn wer — 10.
das ist ihr (bisher nirgends aufweisbares) Kennzeichen — in die
Ruhe Gottes eingetreten ist, der ist auch von seiner Berufswirk=
samkeit zur Ruhe gekommen, wie Gott von seinen eignen (be=
sprochenen) Werken. — So gilt es denn für die Christen als zum 11.
Hause und Volke Gottes gehörigen, sich eifrig um den Eintritt
in jene Ruhe zu mühen, damit sie vermeiden, durch ihren Fall
ebenso wie Moses Zeitgenossen zum abschreckenden Vorbilde des
Ungehorsams[4]) zu werden. Denn das Wort Gottes[5]), das auch 12.
sie in der Verheißung vernommen haben, duldet ihm selbst gegen=
über keine Unentschiedenheit, sondern bringt kraft seiner wirksamen
Lebenskraft, einem Schwerte gleichend, in die verborgensten Tiefen
des inneren Lebens und zwingt zu sittlicher Entscheidung; und die 13.
Ergebnisse liegen wie alles Geschöpfliche [? auch wider Willen]
offen vor dem (Gott), dem wir verantwortlich sind.

Unter Zusammenfassung der bisherigen Erörterung und 14 f.
Ermahnung wird fortan das Hohepriestertum Jesu und seine
Bedeutung in den Mittelpunkt der Betrachtung gerückt. Haben
nun die Christen in der That einen Hohepriester[6]) und zwar
den erhabenen, welcher den Himmel wie das Zelt Jehovahs zum
Eintritt in das Allerheiligste durchschritten hat, an dem in Jesu

---

1) 1 Mos. 2, 2. — 2) B. 2a. Pf. 95, 7 vgl. B. 1 LXX. —
3) 2, 17. 3, 6. — 4) B. 6. 3, 18. — 5) B. 2b. — 6) 2, 17. —

erschienenen Sohne Gottes[1]) so muß sie das zum Festhalten

15. an dem Bekenntnisse bewegen; denn jene Erhabenheit nimmt ihm nicht die Fähigkeit mit unseren uns versuchenden Schwachheiten mitzuempfinden[2]), indem er vielmehr durchaus gleichmäßig in Versuchungen erfahren ist[3]), nur ohne dabei an sich selbst Erfahrung

16. von der Sünde zu machen. Daher dürfen sie mit getroster Zuversicht[4]) priesterlich betend dem Throne Gottes nahen, der durch eben diesen Hohepriester zum Throne der Gnade geworden ist, um thätiges Erbarmen zu erfahren und gnädiger Gesinnung zu begegnen, aus denen zu jeder Zeit der Versuchung entsprechende

5, 1f. Hilfe fließt[5]). Denn dafür bürgt ihnen, daß sie an Jesu die Kennzeichen des Hohepriestertums gewahren, nämlich die Bestallung eines mitfühlenden Menschen für diesen Dienst, aber durch Vollmacht Gottes; zugleich aber der weitere Umstand, daß ihn jene Schule des Mitgefühls zu der über das bloße Hohepriestertum hinausragen=

1. den Würde eines Priesterkönigs geführt hat. Zunächst wird nämlich jeder Träger des Hohepriestertums, selbst aus der Menschen Mitte erkoren, zu Gunsten von Menschen für ihr Verhältnis zu Gott dazu bestellt, um Opfer für die Sünden darzubringen[5]);

2. und dazu befähigt ihn eben die Stimmung zur Nachsicht mit den nicht von entschlossener Bosheit beseelten Sündern[6]), denen zu gut Gott Sühnopfer geordnet hat; denn diese Stimmung muß ihm

3. ja seine eigene Befangenheit in Schwäche und die daraus zu erklärende gesetzliche Pflicht einflößen, wie für das Volk ganz eben=

4. so auch für sich selbst Sündopfer darzubringen. Sodann wird jene Würde nicht durch eigne Anmaßung, sondern durch Berufung Gottes gewonnen, ganz wie es bei Aron, dem ersten Hohepriester,

5. der Fall war. Dem entsprechend hat auch der Messias nicht sich selbst die Ehre beigelegt, Hohepriester zu werden, sondern Gott[7]), derselbe welcher an ihn jenes Wort von der Einsetzung in das

6. messianische Königtum gerichtet hat[8]); wie ja jene Verleihung des Hohepriestertumes ihres gleichen an einer andern Stelle findet, wo Gott ihm für die Ewigkeit die Würde eines Priesters von gleicher Stellung mit Melchisedek

---

1) 3, 6. 1, 1f. — 2) 2, 17. 18. — 3) 2, 18. — 4) 3, 6. —
5) 2, 17. — 6) 4 Mose 15, 22f. 27f. 3 Mose 4, 2f. — 7) 3, 2. 1.
2, 17. — 8) 1, 5.

zuspricht[1]). Wie konnte es bei ihm auch anders sein, der zur 7f.
Anerkennung seiner Würde nur auf Grund der Vollendung ge=
langte, die er durch Leidensgehorsam erwarb, nachdem er die ver=
suchende Schwachheit im Gebet überwunden hatte. Da er noch 7.
in der sinnlich=sterblichen Natur lebte[2]), hat er die dringendsten,
an Den, welcher ihn vom Tode zu erretten vermochte[3]), gerichteten
Hilferufe unter sichtlicher tiefer Gemütsbewegung dargebracht[4])
und durch deren Erhörung Rettung eben von dem Grauen vor
dem Tode gewonnen[5]) und darauf trotz seiner geschilderten 8.
Stellung als Sohn[6]) auch in dem Leiden bis zum Tode[7]) seinen·
bekannten Gehorsam lernend geübt; und dergestalt beim Abschlusse 9.
seines Erdenlebens zur Vollendung für seinen Beruf[8]) gelangt,
ist er unter der einzigen einschränkenden Bedingung des nach
seinem Vorbilde ihm selbst zu leistenden Gehorsams für alle zum
Urheber[8]) der Errettung für die Ewigkeit[9]) geworden, eben da als 10.
Gott ihm feierlich bei seiner Erhöhung sein **Hohepriestertum**
als eines bestätigte, welches dem **königlichen Priestertume**
Melchisebeks entspreche.

Über ihn, den Sohn, in seiner soeben bezeichneten Bedeu= 11.
tung kündigt der Verfasser eine umfängliche Verhandlung an, nicht
ohne beizufügen, daß er Mühe haben werde, sich bei derselben
verständlich zu machen, weil seine Leser neuerlich träge im Ver=
ständnisse geworden sind. Während sie nämlich schuldig wären, 12.
Lehrer sein zu können wegen der Dauer ihres Christenstandes,
haben sie ja von neuem Bedürfnis, Lehre zu empfangen und
zwar inbetreff der Anfangsgründe des grundlegenden Teiles der
göttlichen Offenbarungen, und sind in einen Zustand geraten, in
welchem sie Milch bedürfen, nicht feste Speise. Der Säugling 13.
ist ja ungeschickt für Unterricht über Sittlichkeit, weil ein Unmün=
diger; wohl muß es mithin dem Verfasser schwer werden, sich ihnen
in diesem ihrem Zustande verständlich zu machen. — — Für Er= 14.
wachsene, wie sie doch eigentlich sind, gehört sich aber wohl die
feste Speise, als für solche, deren Sinne durch die erworbene
Fertigkeit geschickt sind, das Heilsame und Schädliche in der ge=

---

1) Pf. 110, 4. — 2) 2, 14. 17. — 3) Mart. 14, 36. — 4) Luf.
22, 40—44. — 5) 2, 15. — Mart. 14, 41. 42. — 6) 3, 5. 1, 1f. —
7) 2, 18. 10. 9. — 8) 2, 10. — 9) Jesaja 45, 17.

6, 1. botenen Nahrung zu unterscheiden. Um des willen, nämlich weil seine Aufgabe bei diesem von ihnen zu fordernden Reisestande ihn dazu führt, will der Verfasser sich von dem grundlegenden Teile der Lehre von Christo hinweg dem zuwenden, was dem Reisestande angehört, ohne von neuem in seiner Lehrthätigkeit Grund zu legen, etwa mit Sinnesänderung, die von toten Werken d. i. dem Treiben, das nur der Vergänglichkeit dient, abführt, und

2. mit Glaubenswendung zu Gott, mit Lehre von Waschungsweihen wie Taufe, von Handauflegung, von Todtenauferstehung und von

3. ewigem Gerichte. In diesem Sinne sich ausschließlich dem zuzuwenden, was dem Reisestande angehört, das ists, was der Verfasser

4f. vor hat, freilich unter der Bedingung, daß Gott es zuläßt. So zu verfahren treibt ihn einerseits[1]) die Erwägung, daß der Versuch zu einer erneuten Grundlegung vergeblich bleiben müßte.

4. Unmöglich nämlich kann man solche, welche das in sich abgeschlossene christliche Grunderlebnis der Erleuchtung erfahren, die himmlische Gabe (der Begnadigung)[2]) zu kosten bekommen,

5. Teil an heiligem Geiste[3]) empfangen, im Genusse von Gottes tröstlichem Verheißungsworte[4]) und von Kräften der künftigen Welt-

6. zeit[5]) gestanden haben und trotzdem in Abfall geraten sind, von neuem zur Sinnesänderung bringen, da sie mit jenem Verhalten den Heilsurheber als solchen verwerfen, sofern sie damit, so viel an ihnen ist, den Sohn Gottes wie seine Mörder dem Kreuzestode und dadurch der Schmach eines mit Recht Verurteilten preisgeben.

7. Denn sie stehen dann unter der Gottesordnung, welche ihr Bild in der Ordnung des äußeren Lebens findet. Ackerland nämlich, welches den reichlich auf dasselbe herabkommenden Regen in sich aufgenommen hat, wenn es den Nutznießern bräuchliches Gewächs erzeugt, wird des Segens gesteigerter Fruchtbarkeit von Gott her

8. teilhaft; falls es aber Unkraut hervorbringt, ist es als unprobehaltig der Verfluchung nahe und fällt zuletzt zerstörender Ver-

9. brennung anheim. — Was ihn anderseits[6]) in seinem Vorhaben bestärkt, spricht der Verfasser aus, indem er ihnen in herzlicher Anrede gegenüber diesem schreckenden Ausblicke versichert, er sei der begründeten Überzeugung, daß sie sich in besserem, die Erret-

---

1) S. B. 9. — 2) 3, 1. 4, 16. — 3) 10, 29. 2, 4. — 4) 4, 12. 13. — 5) 2, 5. — 6) S. B. 4f.

tung[1]) nicht ausschließendem Stande befinden. Denn Gotte liege 10.
die Ungerechtigkeit gegenüber seiner Gnadenordnung fern, ihrer
bisherigen Erweisung christlichen Lebens zu vergessen und zwar
zumal ihrer Liebe, welche sie ihm selbst, wie er sich in seinen
Namen offenbart, erwiesen haben, indem sie den Heiligen d. h.
den aus der Welt ihm angeeigneten Menschen[2]) gedient haben
und fort und fort dienen. — Zu seinem Tadel wie zu seinem 11.
Vorhaben treibe ihn nicht solche Besorgnis, wohl aber der leb=
hafte Wunsch, sie möchten ausnahmslos den gleichen Eifer wie
auf diese Liebeserweisung so darauf wenden, daß ihre Hoffnung
in voller Kraft bis an das Ende aushalte[3]), damit sie nicht, 12.
wie sies im.Verständnis geworden[4]), auch in ihrer Lebenserwei=
sung träge werden, vielmehr denen nachahmen, welche durch Glauben
und treu ausharrende Geduld[5]) die Verheißungsgüter zu ererben
d. h. zu erwerben[6]) imbegriff stehen.

Haben sie doch für Begründetheit und Erfolg des aus= 13.
harrenden Verheißungsglaubens in der Gegenwart das Urbild an
dem Stammvater des Gottesvolkes. Denn nachdem Gott dem
Abraham zuvor Verheißung gethan[7]), hat er ihm dieselbe, da
er bei keinem erhabneren Eidesbürgen schwören konnte, mit einem
Eide bei sich selbst bestätigt, gelegentlich seines Versprechens, ihn 14.
durch große Nachkommenschaft zu segnen[8]); und auf Grund so ver= 15.
gewisserter Verheißung ausharrend[9]) hat Abraham vor unseren
Augen das verheißene Gut erlangt[10]). Die Bedeutung jenes 16.
Schwures erhellt aus der gemeinen Sitte, welcher gemäß Men=
schen, freilich (im Unterschiede von Gott) bei dem über sie selbst
erhabenen Bürgen, schwören und dann der Eid jede Widerrede
gegen ihre Aussage beendet. Zu dem Entsprechenden hat sich Gott 17.
wie bei Abraham so für uns herabgelassen. Um den zu Erben
des Verheißungsgutes Bestimmten[11]) das unwandelbare Wesen
seines auf jenes bezüglichen Willenschlusses desto gewisser zu
machen, ist er als Bürge für seine Verheißung mit einem Eide
eingetreten[12]). Sein Absehen war dabei, daß diese jede Täuschung[13]) 18.
seinerseits ausschließenden zwei Thatsachen, die Verheißung und

---

1) 5, 9. 1, 14. — 2) 3, 1. 2, 11. — 3) 3, 14. 6. — 4) 5, 11. —
5) 3, 14. — 6) 1, 14. — 7) 1 Mose 15, 1f. 17, 4f. — 8) 1 Mose 22, 15f.
— 9) B. 12. — 10) 11, 12. 17f. — 11) B. 12. 1, 14. — 12) Pf. 110,
4 vgl. Hbr. 7, 21. — 13) Pf. 89, 36. vgl. 110, 4. Hbr. 7, 21.

der Eid, zu einer kräftigen Ermunterung für die Christen würden,
sofern dieselben ja schon ihre Zuflucht dazu genommen haben, das
ihnen als Kampfpreis bereit und vorliegende Hoffnungsgut zu
19. ergreifen [? festzuhalten]. Dasselbe ist ja geeignet, ihnen Halt
zu bieten, denn sie haben an ihm gleichsam einen Anker für ihre
Seele, der sicher und fest liegt, und welcher hineinreicht in das
20. jetzt noch verhangene himmlische Allerheiligste[1]); als solches ist
das Jenseit für ihr Hoffen zugänglich, weil es der Ort ist, wo=
hin als ihr Vorläufer zu ihren Gunsten[2]) der Mensch Jesus
Eintritt[3]) erlangt hat, indem er ja sein eigentümliches, dem
**Priestertume des Melchisedek gleichartiges Hohe=
Priestertum** angetreten hat und zwar **für ewig**[4]).

So liegt denn, was die den Christen ziemende Anspannung
der Hoffnung begründet, eben in dem, was als der Gegenstand
der ausführlichen Verhandlung angekündigt wurde; doch ist nun
der Blick besonders auf die Unwandelbarkeit des beschworenen
göttlichen Ratschlusses und die ewige Bedeutung seines Gegen=
7, 1f standes gerichtet. Zunächst wird der letzte Punkt durch eine Aus=
führung darüber erläutert, was die Vorbildlichkeit des **Melchi=
1. sedek** nach dem Berichte der heiligen Schrift[5]) besage. Es wird
erinnert an dessen Königtum, sein Priestertum des wahren Gottes,
sein Zusammentreffen mit Abraham, bei welchem eben sein Priester=
tum zur Geltung kam, indem Abraham nicht nur von ihm ge=
2. segnet wurde, sondern derselbe ihn auch durch Entrichtung des
Zehnten anerkannt hat. Ferner wird das Bedeutsame seiner Er=
scheinung hervorgehoben, indem aus dem Wortsinne seiner Be=
zeichnungen nächst der Hervorhebung der königlichen Würde[6]) die
Vorbildlichkeit für den Fürsten der Gerechtigkeit und des Friedens[7])
3. andeutend abgeleitet, indem ferner das Schweigen des Berichtes über
seine Eltern und seinen Stammbaum betont und in der Unbegrenzt=
heit seines Lebens nach vorne und hinten eine Angestaltung seines
Schrift=Bildes an das Wesen des Sohnes Gottes[8]) gefunden wird;
welche Aussagen indes nur die folgende wichtigste vorbereiten sollen,
4. daß ihm sein Priesteramt **für immer** bleibt. — Die hohe Bedeutung

---

1) 4, 14. 9, 3f. 24f. — 2) 5, 1. — 3) 9, 11. 12. — 4) 5, 10. —
5) 1 Mose 14, 17f. — 6) vgl. 5, 5. 1, 5. 8f. — 7) 1, 9. z. B. Jesaja
11, 1f. Sacharja 9, 9f. — Hbr. 13, 20. — 8) 1, 1f.

dieses vorbildlichen Priesters soll aus der Erwägung des geschicht=
lichen Zuges erkannt werden, wie ihn Abraham, der Stammvater
des Gottesvolkes durch die Entrichtung des Zehnten in seiner
Würde anerkannt hat. Die Bedeutsamkeit dieses Vorganges stellt
eine Vergleichung mit dem gesetzlichen Priestertume in das Licht.
Zunächst haben die Träger des Priestertumes aus dem Stamme 5.
Levi eben dieserhalb nach dem göttlichen Gesetze Vollmacht, das
Volk zu bezehnten, als Bevorrechtete unter denen, welche durch
die Abstammung von Abraham ihre Brüder sind[1]); der aber, 6.
dessen Herkunft nicht aus jenem Stamme abgeleitet wird, hat
den Abraham selbst bezehntet, und überdem ihn, den Empfänger
der Verheißungen gesegnet, worin nach allgemeinem Zugeständ= 7.
nisse liegt, daß er, im Verhältnisse zu Gott, höher steht als der
letzte. Ferner zeigt sich ein Wesensunterschied dieser beiderseitigen 8.
Zehntempfänger, wenn auf der einen Seite dem Tode verfallene
Menschen stehen, auf der andern jemand, dem, in der Schrift,
nur sein Leben bezeugt wird[2]). Endlich ist gewissermaßen in 9.
Abraham auch Levi selbst bezehntet als dessen damals noch unge= 10.
borener Nachkomme.

Ergibt also das Schriftbild von Melchisedek die 11f.
Erhabenheit seiner priesterlichen Würde über diejenige der levi=
tischen Priesterschaft, so legt die messianische Weissagung in
dem angeführten[3]) Psalmworte auf grund des soeben erörterten
Schriftbildes seinem geschichtlichen Gegenbilde, dem Messias eine
Beschaffenheit bei, welche ihn zu einer Leistung für das Verhält=
nis des Volkes zu Gott befähigt, die das levitische Priestertum
schuldig bleiben mußte. Liegt nämlich nach der bisherigen Dar=
legung in der Ersetzung des letzten durch ein Priestertum, welches
dem des Melchisedek entspricht, ein Fortschritt zu einem Höheren, so
wäre dieselbe freilich kein Bedürfnis gewesen, wenn das Niedere
sich der gestellten Aufgabe gewachsen gezeigt hätte. Hätte das 11.
levitische Priestertum Vollendung[4]) vermittelt — wie diese
Vermittelung gerade von ihm zu erwarten gewesen wäre, sofern
eben dasselbe für die dem Volke zuteil gewordene Gesetzgebung
maßgebende Voraussetzung gewesen ist — dann wäre die

---

1) 4 Mose 18, 20f. — 2) V. 3. — 3) 5, 9. 6. 1, 14. 3. —
4) V. 18f. 9, 9 u. b. Anff.

Frage berechtigt, ob ein Bedürfnis banach erkennbar sei, einen
dem Melchisedek entsprechenden, also andersartigen Priester einzu=
setzen und ausdrücklich als nicht dem aronitischen Priestertume

12. entsprechend zu bezeichnen? Zöge doch diese Frage ihr Recht
aus der Tragweite jener Einsetzung, sofern die Veränderung des
Priestertumes notwendig eine Gesetzes = Veränderung mit sich führt.

13. Jene Wandlung des Priestertumes eben in ihrer unausbleiblichen
Wirkung auf die gesetzliche Ordnung liegt ja thatsächlich vor,
und zwar eben in dem Ausschlusse des Geschlechtes Arons. Denn
die geschichtliche Person, welcher jene Verheißung des Psalmes
gilt, hat einem andern, vom Altardienste thatsächlich immer aus=

14. geschlossenen Stamme angehört, da ja, wie vor Augen liegt, aus
Juda der Christen Herr[1]) entsprossen[2]) ist, aus einem Stamme,
dem der Gesetzesmittler keine Art von priesterlicher Würde oder

15. Geschäft zugesprochen hat. Bei weitem ersichtlicher aber wird
jene doppelte Wandlung[3]) in ihrem inneren Zusammenhange
und ihrer Tragweite, wenn man ferner begrifflich auseinander=
legt, welche Beschaffenheit in jener verheißenden Einsetzung des
andersartigen Priestertumes damit angezeigt wird, daß sein Träger

16. dem Melchisedek selbst ähnlich sein soll. Darin liegt nämlich, daß
sein Gelangen zu diesem Amte nicht auf einer Satzung ruht, die
in einem auf das sinnliche Leben in seiner Äußerlichkeit und
Endlichkeit berechneten Gebote[4]) besteht, sondern auf ihm inne=
wohnender Kraft, nämlich vom Tode unzerstörbarem Leben[5]).

17. Denn das besagt das Schriftzeugnis, in welchem ihm sein Priester=
tum entsprechend dem Melchisedeks f ü r d i e E w i g k e i t zuge=

18f. sprochen wird. Schließt das doch jene doppelte Wandlung[6]) ein,
sofern in dieser Verheißung sich eine Abschaffung und nicht nur
Veränderung des bisher Giltigen und zugleich die Einführung von
etwas Neuem in die Heilsgeschichte vollzieht. Einerseits wird ja in und

18. mit der Verheißung jene Satzung, die nur vorläufiges Gebot war,
mit Rücksicht darauf abgeschafft, daß sie sich als leistungsunfähig

19. und ihrem Zwecke nicht entsprechend herausstellt — worin sie
nur an der Beschaffenheit der gesamten Gesetzesanstalt teil=

---

1) 2, 3. 1, 10. Psalm 110, 1 vgl. Matth. 22, 45. — 2) Jerem.
23, 5. Sacharja 3, 8. 6, 12. — 3) V. 12. 11. — 4) 9, 9. 10. 13. —
5) V. 3. — 6) V. 12.

nimmt, welche bekanntlich in keiner Beziehung Vollenbung (die Verwirklichung bes in ihr selbst gesetzten Zweckes [1])) ver= mittelt hat [2])). — Anderseits aber führt sie in jener verheißenben Einsetzung bes anbersartigen Priesters [3]) über die alte Orbnung hinaus, inbem sie anstelle berselben einen die Hoffnung wecken= ben Gegenstanb für bieselbe [4]) in ben Gesichtskreis einführt, welcher etwas Wirksameres ist (als die vorläufigen alttestamentlichen Orbnungen [5]), wie sich barin erweist, baß er bas Mittel ist, um ben Christen bas priesterliche Nahen [6]) zu Gott zu vermitteln. Diese Überlegenheit kommt zur Einsicht, wenn man jenen Gegen= 20f. stanb ber Hoffnung, bas verheißene Priestertum, unter ben burch bas Psalmwort angezeigten Gesichtspunkten mit bem Gegenstanbe bes vorläufigen Gebotes weiter vergleicht; zunächst was die Ein= setzung in bas Amt, bann was bessen Träger betrifft. Zunächst 20. hat es bei ber Eröffnung jener Hoffnung nicht an einem Eib= schwur [7]) gefehlt, welcher die Enbgiltigkeit ber Einsetzung bezeugt. Während es nämlich für die levitischen Priester bezeichnenb ist, baß sie ohne Eibschwur (Gottes) in ihr Amt eingetreten sinb, 21. finbet bei bem Gegenstanbe bes Psalmwortes bas Gegenteil statt; benn die Einführungsformel jenes Gottesspruches inbetreff seiner enthält einen Schwur unb hebt zugleich die Unwanbelbarkeit bieser Betrauung mit bem Amte hervor. Darin aber, baß nun ber 22. Mensch Jesus als Träger jenes unter Eibesleistung eingesetzten Priestertumes zum Gewährsmanne für ben Bestanb eines anbern Bunbes Gottes mit bem Volke geworben, liegt zugleich ber Maß= stab für Wert unb Wirkungskraft dieses Bunbes im vergleich mit bem früheren. [8]) Ferner [9]) besteht jene Priesterschaft, weil ber 23. Tob die einzelnen Träger baran verhinbert, in ber amtlichen Thätigkeit zu verharren, aus einer Mehrheit einanber ablösenber Träger bes Amtes; bei biesem aber ergiebt sich aus ber ewigen 24. Dauer seines persönlichen Lebens [10]) auch die Unwanbelbarkeit seines Amtes [11]) unb infolge hiervon ist basselbe ein vollenbenb 25. wirksames, benn er vermag nun auch auf eine Weise, die jebes weitere Bebürfnis ausschließt, biejenigen zu erretten [12]), welchen

---

1) B. 11. — 2) 8, 7f. — 3) B. 11. 5, 6. — 4) 6, 19. 20. 3, 6. — 5) 9, 9. 10. — 6) 4, 16. — 7) 6, 13f. — 8) 8, 6. 9, 15. — 9) S. B. 20. — 10) B. 16. — 11) B. 3. — 12) 5, 9. 2, 10.

er den priesterlichen Zutritt zu Gott je und je vermittelt[1]), indem ihm sein unbegrenzt dauerndes Leben zu dem Zwecke dient,
stetig bei Gott zu ihren gunsten[2]) priesterlich einzutreten.

26f.   So wirft das an Jesu erfüllte Verheißungswort[3]), wenn
man es in seinem Verhältnisse zu der Gesetzesoffenbarung erwägt,
sein Licht auf die Leistungsfähigkeit des Jesu zugesprochenen Priestertumes. Die Verbindung eben dieses mit dem Hohenpriestertume
d. h. das Hohepriestertum entsprechend dem Priestertume des Melchisedek[4]), macht ja die Beschaffenheit aus,
26. durch welche er als Träger dieses Amtes dem Bedürfnisse der
Christen wirklich entspricht; und zwar indem er nicht nur das
Abbild, vielmehr das vollendende Gegenbild des Aronitischen Hohepriesters ist, zunächst in der ihm eignenden Reinheit, welche in
frommer menschlicher Entwickelung vollkommen erworben[5]), be-
wahrt wird durch die auch äußerlich vollzogene Trennung von
der befleckenden Gemeinschaft mit den Sündern[6]), wie er ja auch
über die höchsten Kreise der Schöpfung hinaus gehoben ist[7]);
27. indem er ferner im Zusammenhange hiermit (das vollendete
Gegenbild des Aronitischen Hohepriesters ist) insofern, als bei
Vergleichung ihrer beiderseitigen Amtsleistung zwei sich gegenseitig
bedingende Unterschiede hervortreten. Für ihn besteht nämlich
nicht — wie man bei bloßer Abbildlichkeit für die gesteigerte
Leistung fordern möchte — die Notwendigkeit, Tag für Tag das den
alttestamentlichen Hohenpriestern alljährlich obliegende Versöhnopfer[8])
zu wiederholen; denn, so wenig — eben zufolge seiner Reinheit
— die vorangehende Darbringung wegen der eignen Sünden für
ihn notwendig ist, so wenig das nachfolgende Haupt-Opfer wegen
der Sünden des Volkes[9]); denn dieses hat er ein für alle
Male vollzogen, als er seine eigne Person als das Opfer
darbrachte, welchem das kraft jener Reinheit mögliche Inein-
anderfallen von Sühnmittler und Sühnmittel Vollkommenheit
28. verleiht.[10]) Diese Unterschiede fließen aber letztlich aus der Grund-
verschiedenheit in dem Wesen der Amtsträger; denn das Gesetz
setzt Menschen zu Hohepriestern ein, die mit Sündenschwachheit
behaftet sind[11]), jenes Wort des Eidschwures[12]) aber, welcher als

1) V. 19. — 2) 6, 20. 2, 17. — 3) 6, 20. 7, 15f. — 4) 5, 10. —
5) 4, 15. — 6) 9, 28. — 7) 4, 14. 8, 1. — 8) 9, 25. 10, 1f. 3 Mose 16.
— 9) 5, 1f. 2, 17. — 10) 2, 17. 9, 14. 23f. 10, 5—14. — 11) 5, 1—3.
— 12) V. 20f.

das zeitlich Folgende die Gesetzesbestimmung ungiltig macht[1]), jenen, der die bekannte Sohnesstellung, zu Gott einnimmt und zwar wie er für die Ewigkeit[2]) abschließend die Vollendung für seinen Beruf erlangt hat[3]).

Ist dergestalt die Ewigkeit, welche dem Hohepriestertume des 8, 1f. Sohnes eignet, und die Genugsamkeit seiner Amtsleistung aus der persönlichen Wesenheit des Sohnes abgeleitet, so hat die Er= örterung auf die überirdische Stellung desselben zurückgeführt[4]), und an dieser läßt sich nun die Bedeutung seines Hohepriester= tumes für den neuen Bund[5]) vollends entwickeln. Als Haupt= 1. stück seiner ganzen Abhandlung bezeichnet deshalb der Verfasser den Satz: dadurch sei der Hohepriester, den die Christen in der That haben, gekennzeichnet, daß er als solcher, wie eingangs bemerkt worden[6]), in die Gemeinschaft der vollen Herrscherwürde Gottes im Himmel eingetreten ist; — aber der Verfasser hebt 2. diesen Satz eben nur heraus, um eine weitere Aussage über seine, dem entsprechende priesterliche Verrichtung anzuknüpfen. Ist er nämlich als Hohepriester Diener des Allerheiligsten, so eben damit als der erhöhete auch Diener des urbildlichen Zeltes (Stiftshütte), welches Herrichtung vom Herrn und nicht vom Menschen stammt[7]); — mithin Träger eines priesterlichen Dienstes, der sich auf den Himmel bezieht.[8]) Folgt doch aus dem hohe= 3. priesterlichem Amte die Bestallung für die Darbringung von Opfern[9]); folglich muß auch dieser Hohepriester eine Opfergabe haben. Befände er sich nun bei der besprochenen Verrichtung auf 4. Erden, so könnte ihm priesterliche Würde gar nicht zukommen, weil die durch Gottes Gesetz zur Opferdarbringung Bestallten vorhanden sind und jeden andern ausschließen, sofern sich ja ihr 5. Dienst auf ein Heiligtum bezieht, welches das wohl nur ohngefähre Abbild der himmlischen Verhältnisse, aber doch nach einem Gottes= spruche hergestellt ist, in welchem dem Mose für die Herstellung 6. sorgfältige Nachbildung der geschauten Vorbilder eingeschärft wurde.[10]) In der That aber ist ihm ein Dienst zuteil geworden, der vor= züglicher ist als dieser der mosaischen Hütte geltende, weil und in dem Maße als er Mittler eines Bundes ist, der den alten

---

1) Pf. 110, 1. Vgl. Hbr. 4, 7. 8. 8, 13. — 2) 6, 20. — 3) 2, 10. 5, 8. 9. — 4) 4, 14. — 5) 7, 22. — 6) 1, 3. 13. — 7) V. 5f. 1, 10. — 8) 9, 23. 24. — 9) 5, 1f. — 10) Vgl. 3, 5. 2 Mose 25f. bes. 25, 40. 9.

an Wirksamkeit übertrifft, sofern er auf Grund trefflicherer Ver=
heißungen errichtet worden ist.

7.   Und zwar erhellt diese Thatsache eben aus der verheißenden
Offenbarung des alten Bundes. Ohne die Unzulänglichkeit[1]) eben
dieses wäre es ja unerklärlich, daß unter seinem Bestande nach

8. seinem Ersatz ausgeschaut wird. Und auf Unzulänglichkeit weist
ja das Gotteswort[2]), in welchem jene Verheißungen niedergelegt
sind. Gott will einen neuen, andersartigen Bund an

9. die Stelle des bisherigen setzen, welchen das Volk nicht gehalten
hat, · infolge wovon sich auch Gott von dem Volke abwandte.

10. Derselbe soll nämlich so beschaffen sein, daß Gott durch ihn die
Volksglieder in völlige innere Uebereinstimmung mit seinem Gesetze
bringt, so eine ungetrübte Gemeinschaft mit ihm selbst ermöglicht

11. und die allen eignende vollkommene Gotteserkenntnis jeden Unter=
schied zwischen Gotte näher oder ferner Stehenden aufhebt; für

12. welche Wandlungen insgesamt die Voraussetzung bildet, daß Gott
den Sündern in völliger Vergebung aller ihrer Sünden gnädig

13. zugewandt sein wird[3]). In dieser Verheißung eines neuen
Bundes[4]) liegt das Urteil, daß der erste und seine Geltung der
Vergangenheit zufalle, und so geht derselbe bereits von da ab als
etwas veraltetes und alterndes dem gänzlichen Untergange entgegen.

Kp. 9f.   An diesen Nachweis der trefflicheren Verheißungen aus der
alttestamentlichen Ankündigung des neuen andersartigen Bundes
schließt sich nun die Darlegung des vorzüglicheren Dienstes, der
sich auf den Himmel bezieht, unter ausgeführter Vergleichung mit

1. dem früheren Dienste. Versehen war ja auch der erste Bund
mit gottesdienstlichen Rechtsordnungen, und wie er, so drum
auch jenes dieser Welt angehörende Heiligtum. Sind doch jene
Ordnungen durchaus in Beziehung auf seine Einrichtung ge=

2. troffen. Denn es wurde (durch Mose) so hergerichtet, daß es
bei ihm einen vorderen Zeltraum gab, in welchem sich der
Leuchter[5]), der Tisch und die Schaubrode befanden[6]), Heiliges

3. genannt[7]); durch den zweiten Vorhang geschieden aber einen andern

4. Zeltraum mit dem Namen Allerheiligstes, zu welchem der goldene

---

1) 7, 19. — 2) Jerem. 31, 31—34. — 3) 4, 16. — 4) Luk. 22,
20. — 5) 2 Mose 25, 31f. — 6) ebb. V. 23f. vgl. 1 Chron. 9, 32. 23,
29. 2 Chron. 13, 11. — 7) 2 Mose 29, 30. 1 Kön. 8, 8.

Rauchaltar[1]) und die goldbekleidete Lade des Bundes[2]) gehörte, in ihr der goldene Mannakrug[3]), der einst blühende Stab Arons[4]) und die Bundestafeln[5]), über ihr aber die den Sühndeckel be= 5. schattenden Cherubim, zwischen denen Gottes Herrlichkeit[6]) — von welcher Stücke Bedeutung der Verfasser jetzt im einzelnen nicht (wie von der Bedeutsamkeit der Gesamteinrichtung) zu handeln hat. Bei dieser Herrichtung der gottesdienstlichen Stätte wird 6. nämlich der Dienst so vollzogen, daß das vordere Zelt fort und fort von den Priestern bei ihren Verrichtungen betreten wird, das 7. hintere aber nur **einmal** im Jahre[7]) allein von dem Hohe= priester und zwar nicht ohne das Blut, welches er für seine und des Volkes Verfehlungen darbringt[8]). Und in dieser Anordnung 8. liegt die von dem heiligen Geiste gegebene Andeutung, daß der **ungehemmte Zugang zum Allerheiligsten** — in welchem ja Gott sich vergegenwärtigt[9]) — noch nicht offenbar gemacht ist, so lange das vordere Zelt als von jenem geschiedenes noch Bestand hat; und darauf deutet dieser Bestand, sofern dieses 9. Vorderzelt als solches ein Gleichnis der gegenwärtigen Zeit[10]) d. i. derjenigen der alttestamentlichen Ökonomie ist, indem die Beschaffenheit der gottesdienstlichen Einrichtungen durchaus dieser seiner Sinnbildlichkeit für einen Zustand entspricht, in welchem die Glieder des Bundesvolkes Gotte noch nicht ungehemmt nahen dürfen; werden doch Opfer dargebracht, welche nicht vermögen den Gotte Dienenden dem Gewissensurteile nach zur Vollendung[11]) d. h. zur Erreichung des in dem Bundesverhältnisse gesteckten Zieles[12]) zu führen und somit neben den Speise= und Reinigungs= 10. Ordnungen bloß das sinnliche Leben betreffende Satzungen[13]) und als solche nur vorläufig[14]) bis auf den Zeitpunkt besserer Ord= nung[15]) auferlegt worden sind. — Der verheißene Messias dagegen[16]) 11.

1) 2 Mose 30, 1 f. 40, 5. 3 Mose 16, 18. — 1 Kön. 6, 22 vgl. Jesaja 6, 1. 6. Offenb. 8, 3—5. — 2) 2 Mose 25, 10 f. 4 Mose 10, 33. 3) 2 Mose 16, 32—34. — B. 33 LXX. — 4) 4 Mose 16. 17. bes. B. 10. — 5) 2 Mose 25, 16. 21. 31, 18. 5 Mose 9, 9 f. 10, 1 f. — 6) Ezech. 9, 3. 1 Sam. 4, 21. 22. — 7) 2 Mose 30, 10. 3 Mose 16, 34. — 8) 5, 1—3. — 9) 3 Mose 16, 2. 1 Kön. 8, 12. 30 f. — 10) 1, 1. — 11) 7, 11. 19. 10, 1. 2. — 12) 7, 19. 8, 10 f. vgl. B. 9 und 10, 15—18 mit B. 14. Vgl. 7, 28. 2, 10. — 13) 7, 16. — 14) 7, 18. — 15) B. 26. 8, 13. — 16) S. B. 6 f. 1.

hat bei seinem geschichtlichen Auftreten als Hohepriester, der die
künftigen (verheißenen) Güter[1]) vermittelt, das erhabnere und
vollkommenere Zelt, das nicht aus Menschenhand stammt[2]), indem
12. es nicht dieser irdischen Schöpfung angehört[3]), durchschritten, auch
den Zugang[5]) nicht durch Blut der vom Gesetze verordneten Opfer=
tiere[4]), wohl aber durch sein eignes Blut[5]) gewonnen, um
so ein für allemal[5]) in das Allerheiligste[6]) einge=
treten zu sein und eben damit eine ewige Erlösung[7]) von
13f. der Sündenschuld zu erwerben. Dieser Wert darf seiner Ver=
richtung beigemessen werden, da aus der Wirksamkeit des alttesta=
mentlichen Heiligungsmittels[8]), wenn man damit das durch ihn
beschaffte Mittel vergleicht, auf die noch gewissere Wirkungskraft
13 des letzten zu schließen ist. Denn dort gibt es das Blut der
zum Versöhnopfer für das Volk verordneten, im Tode verenden=
den Tiere und Kuh=Asche, welche zur Besprengung der einzelnen
an Toten Verunreinigten verordnet ist[9]); beides sondert die
Volksglieder von dem Gemeinen aus, so daß sie die für die Zu=
gehörigkeit zum Gottesvolke des altes Bundes erforderliche äußer=
14. liche Reinheit[10]) gewinnen. Hier ist das im vergossenen Blute[11])
zur Sühne dahingegebene menschliche Leben des Messias, welcher
mittels ihm eignenden, unauflösliches Leben[12]) bedingenden, ewigen
Geistes sich selbst[13]) — und nicht bloß im Blute verendetes Leben
— in der für jedes Opfer geziemenden Tadellosigkeit[14]) bei jenem
Eintritte Gotte dargebracht hat; wie vielmehr muß diese Sühnung
wirksam sein, um dem Gewissen[15]) aller Christen die Rein=
heit von der Schuld[16]) (aller ihrer bisherigen, das ist) der
toten Werke[17]) zu verschaffen, damit er dem lebendigen Gotte[18])
den in der That demselben entsprechenden[18]) Gottesdienst leiste[19]).
15f.　　Der bezeichnete Wert der hohepriesterlichen Verrichtung
des Messias erhellt ferner, wenn man sie (abgesehen von der eben
dargestellten Wirkung auf die einzelnen) darauf hin betrachtet,
was sie samt dem ihr wesentlichen Stücke, dem jenen Eintritt er=

---

　　1) 8, 6. 10f.　2, 5.　6, 4. 5. 10, 29. — 2) 8, 2. — 3) 9, 1. —
4) 2 Mose 16. — 5) 6, 20.　9, 7. 7, 27. — 6) 8, 2. — 7) 5, 9.　Jesaja
45, 17. — 8) 2, 11.　vgl. 2 Mose 29, 36f. — 9) 4 Mose 19, 1f. —
10) 9, 10. — 11) 3 Mose 17, 11. — 12) 7, 16. — 13) 7, 27. — 14) 3 Mose
22, 17f.　Hebr. 7, 26f. — 15) 9, 9 vgl. 10, 2. 22. — 16) f. z. 1, 3. —
17) 6, 1. — 18) 3, 12. — 19) 8, 10—12.

möglichenben Tobe, für die Begründung derjenigen göttlichen Bundes=
ordnung leiftet, welche die alte erfeßen foll. Eben jene wirffame 15.
hohepriefterliche Handlung begründet auch feine Stellung als be=
gründender Mittler[1]) eines neuen Bundes, fofern den
Zweck für beffen Begründung eine dem erften Bunde unerfchwing=
liche Leiftung bildet. Da nämlich ein Tod eingetreten ift, der
mit Erfolg auf die Loslöfung von dem Schuldbanne der Sün=
den[2]) abzielt, die fich unter dem erften Bunde als Uebertretun=
gen geftalteten[3]), fo foll und fann nun erreicht werden — woran
jener Bann hinderte — daß die Bundesverheißung[4]) fich denen er=
fülle, welche die Berufung[5]) zu dem ewigen Erbteil[6]) erhalten
und behalten haben. Daß ein folcher Tod bei der Bundesftif= 16f.
tung unentbehrlich fei, leuchtet ein, wenn man ins Auge faßt,
(worauf der Doppelfinn des Wortes Diathete = Teftament hin=
weift) wie ein Gottesbund als Verfügung Gottes über das Erbe
für die Bundesglieder die Befchaffenheit eines Vermächtniffes an
fich trägt, und zumal diefer neue, fo fern er durch den begründet
wird, welcher Gottes Vertreter[7]) und zugleich des erbenden Ge=
fchlechtes führendes Glied[8]) ift. Denn bei einem Teftamente ift 16.
notwendiges Erfordernis der Tod des Teftierenden als fundbare
Thatfache; ift ein folches (im Unterfchiede von andern Feftfeßun= 17.
gen) doch gerade beim Eintritt von Todesfällen unwandelbar, da
es ja bei Lebzeiten des Teftierenden noch garnicht in Wirkfamteit
tritt. Und fo maßgebend ift diefe Rechtsfitte für Gottes Stiftung, 18.
daß etwas dem Entfprechendes nicht einmal bei der Einweihung
des erften Bundes[9]), der doch kein Erbe einbringen konnte, gefehlt
hat, nämlich Blutverwendung. Nach vollftändiger Mitteilung 19.
der Gefeßesforderung an das ganze Volk hat Mofe ja unter ge=
feßmäßiger Verwendung des Sündopferblutes[10]) fowohl das Buch
des Gefeßes felbft als das ganze Volk befprengt und dabei das 20.
Blut ausbrücklich als das Bundesblut bezeichnet[11]) — Ganz 21.
entfprechend hat er aber auch das Blut zur Einweihung des Zel=
tes und der gottesdienftlichen Geräte verwandt[12]); dem ent= 22.

1) 8, 6. — 2) 9, 12. — 3) 2, 2. 10, 26f. — 4) 6, 17. 4, 2. —
5) 3, 1. — 6) 9, 11. — 7) Lukas 22, 29. 30. 15. 16. — 8) 2, 10. 5, 9.
1, 14. 6, 18 — 20. — 9) 2 Mofe 24,4f. — 10) vgl. V. 12. 13 u. b. Anf. da=
felbft. — 11) 2 Mofe 24, 8 vgl. Matth. 26, 28. — 12) 2 Mofe 40 vgl.
29, 36. 37. 3 Mofe 8, 14f.

spricht auch die kaum eine Ausnahme duldende Uebung, dergemäß
Blut das allgemeine gesetzliche Reinigungsmittel ist[1]) und Sün-
denvergebung gottesdienstliche Blutverwendung zur unerläßlichen
23. Voraussetzung hat[2]).   Liegt also die Notwendigkeit (für die
Würde des Zeltes als Gotteswohnung und den Fortbestand
des Bundes[3]) vor, daß die gottesdienstlichen Gegenstände, welche
doch nur Abbildungen der Dinge im Himmel sind[4]) mit solchen
Blutverwendungen gereinigt werden[5]), so besteht demgemäß für
die entsprechenden himmlischen Verhältnisse selbst das gleiche Erfordernis, doch um dieses Unterschiedes willen als Erfordernis
24 f. eines wirksameren Mittels aus der Gattung der Opfer[6]).   Dieses Mittel, durch welches die von Gott scheidende Wirkung der
Sünde auf den Bestand des Bundes, noch abgesehen von dem
Verhältnisse der einzelnen zu Gott, beseitigt wird, liegt in derselben Leistung des Messias vor, in welcher er den Bund begründet hat, indem sein hohepriesterlicher Gang ihn zur wahren Got-
tesgemeinschaft geführt und seine Beziehung auf die Sünde end-
24. giltig zum Abschlusse gebracht hat.   Denn nicht dem von Händen
verfertigten Abbilde der wahrhaften Offenbarungsstätte Gottes[7]),
sondern dem Himmel[8]) selbst galt der Eintritt des Messias,
um jetzt, in der Erfüllungszeit, Gotte persönlich[9]) zur Vertretung der
25. Christen[10]) zu nahen; auch ist derselbe nicht geschehen, um sich behufs vielmaliger Selbstdarbringung, entsprechend dem alljährlichen
Eintritte des Hohenpriesters in das Allerheiligste mit fremdem[11])
26. Blute, zu wiederholen.   Wäre das seine Aufgabe gewesen, so
würde die Voraussetzung für eine dem Zweck entsprechende Wiederholung in dem Undenkbaren liegen, daß er vielmals seit
Schöpfung der Welt das Leiden zum Tode[12]) erduldet hätte.
Thatsächlich hat vielmehr seine Offenbarung (im Fleische) einmal
am Abschlusse des Weltlaufes[13]) behufs Beseitigung der
27. Sünde durch sein Opfer stattgefunden.   Und dem entspricht
sein ferneres Verhältnis zur Sünde.   Sofern es Menschenloos
ist, in dem einmaligen Sterben des Lebens Abschluß zu empfan-

---

1) 3 Mose 16, 15 f. u. f. w. — 2) 3 Mose 17 11. — 3) vgl. V. 18.
4) 9, 2—5. 8, 5. — 5) f. z. 1, 3. — 6) 8, 3. 5, 1. — 7) 9, 8. 8, 2 f.
8) 8, 1. 1, 3. — 9) V. 14. 7, 27. — 10) 6, 20. 7, 25. — 11) V. 12.
— 12) 5, 8. 2, 18. — 13) 1, 1. —

gen und danach nichts als richterliche Entscheidung über jenes
zu befahren, gilts auch für den Messias, daß er, nachdem er ein- 28.
mal das Opferleiden erduldet hat, um die Sünden einer Menge
büßend zu tragen[1]), zum zweiten Male[2]) außer Beziehung zur
Sünde[3]) für die, welche seiner harren[4]), zur Errettung[5]) in die
Erscheinung treten wird. In diesem Sinne mit der Sünde fertig 10, 1f.
ist er aber, weil sein einmaliges Opfer im Widerspiel zu denen
des alten Bundes von Gottes wegen wirksam ist und abschließend
zum Ziele führt. Nur mit einem Schattenrisse[6]) der künftigen 1.
Güter[7]), nicht mit dem wesentlichen Urbilde ausgerüstet, vermag
die Gesetzesanstalt[8]) mit der jährlich am Versöhntage vollzogenen
Wiederholung derselben Opfer, welche man überhaupt darbringt[9]),
niemals zu erwirken, daß die Gotte Nahenden für immer, also abschließend das ihnen im Bunde gesteckte Ziel erreichen[10]). Der 2.
Beleg dafür liegt in der Wiederholung der Opfer; hätten nicht
sonst jene Opfer aufhören müssen, weil die einmal wirklich Ge-
reinigten das böse Gewissen los geworden wären[11])? Thatsäch- 3.
lich dagegen war es eine Jahr für Jahr sich erneuernde Erinnerung
an die Sünden, was sich in ihrer Darbringung vollzog; wie ja un- 4.
möglich Stier- und Böcke-Blut Sündenschuld beseitigen kann. 5. 6.
Daher die Verwerfung und Ersetzung der alttestamentlichen Opfer
in dem Schriftworte[12]), welches den Sinn des Messias bei seinem
Eintritte in die Welt[13]) ausspricht. Den von Gott abgewiesenen
verschiedenen Opfergattungen stellt er gegenüber, daß ihm von Gott
der Leib[14]) verliehen und er selbst bereit sei, den in der Schrift 7.
verzeichneten, ihm geltenden Gotteswillen zu erfüllen. Der Mes- 8.
sias läßt auf die Verwerfung der vom Gesetze geordneten Opfer[15])
die Erklärung der Bereitwilligkeit zur Ausführung des göttlichen 9.
Willens folgen; es wird von ihm also das erste zu gunsten des
zweiten aufgehoben. Und so ist es dieser Wille Gottes über 10.
ihn[16]), welcher mittels der opfernden Darbringung der
leiblichen Natur[17]) des in dem Menschen Jesus erschienenen Mes-

---

1) Jesaja 53, 12 vgl. 4 Mose 14, 33f. 3 Mose 20, 16f. Ezech. 4,
4f. — Hbr. 9, 15. 12. vgl Matth. 20, 28. — 2) B. 26 vgl. 1, 6. —
3) 7, 26. 1, 3. — 4) 6, 12. — 5) 1, 14. — 6) 8, 5. — 7) 9, 11 vgl. 12,
22f. — 8) 7, 19. — 9) 9, 7—10. — 10) B. 11. 9, 9. 7, 11. — 11) 9, 14.
12) Pf. 40, 7—9. — 13) 9, 26. — 14) Pf. 40, 7b. LXX. — 15) 9, 9.
8, 4. — 16) 6, 17—20. 7, 20f. 1, 14. vgl. 8, 8f. 7, 15—19. — 17) B. 5.

sias[1]) den Christen die Aussonderung und Bundesweihe[2]) ein
11f. für allemal beschafft hat. Diese wirksame einmalige Leistung
ist aber auch eine abschließende. Während die Glieder der leviti=
schen Priesterschaft Tag für Tag dienend vor Gott stehen[3]), um
in steter Wiederholung den Opferdienst zu vollziehen, der doch
12. nie die Sündenschuld abzunehmen vermag[4]), ist dieser Priester [Er]
nach Darbringung eines einzigen Sündopfers[5]) für immer[6])
zur Rechten Gottes niedergesessen[7]) und damit in die Gemein=
13. schaft seiner Herrscher=Macht und =Würde eingetreten, auch
der noch erübrigenden Unterwerfung der ihm feindlichen Mächte
14. ruhig entgegensehend[8]). Denn mit einem einzigen Opfer hat
er eine Wirkung für immer geübt, indem er abschließend die=
jenigen zu dem ihnen gesteckten Ziele[9]) geführt hat, welche die
Aussonderung und Weihung[10]) durch sein Opfer[11]) erfahren. — —
15f. Für diese abschließende Wirkung seines Opfers zur Entmächtigung
der Sünde[12]) haben wir aber noch das ausdrückliche Zeugnis des
heiligen Geistes in der oben angeführten Schriftstelle[13]). Denn
16. nachdem er auf die Beschaffenheit seines künftigen, mithin eben
des neuen Bundes[14]) hingedeutet, bestimmt der Herr dieselbe
dahin, daß er seine Gebote den Bundesgliedern innerlich aneignen
17. und ihrer Sünden ausnahmslos nicht mehr gedenken werde.
18. Damit aber ist der Beweis für die abschließende Wirksamkeit[15])
des den Bund begründenden[16]) und verbürgenden[17]) Opfers
durch Ausschließung des Gegenteiles geliefert, weil eine solche
Vergebung weitere Sündopfer überflüssig macht.
19f.   Ist hiermit die Fähigkeit des Hohepriesters zur Rechten
Gottes[18]) dargethan, vollkömmlich zu erretten[19]), so kann daher
die obige Ermunterung zu der entsprechenden Gesinnung[20]) mit
verstärkter Zugkraft gefolgert werden; und damit kehrt die Aus=
19. einandersetzung zu ihrem Ausgangspunkte zurück[21]). Es kann
und darf den Christen auf grund der gewonnenen Einsicht nicht

---

1) 9, 14. — 2) 9, 13. 14. 2, 9—11. — 3) Richt. 20, 28. 2 Chron.
29, 11 vgl. 5 Mose 10, 8. 18, 7. — 4) B. 4 — 5) 9, 26. 12. —
6) 7, 25. — 7) 1, 3. — 8) 1, 13. — 9) B. 1. 9, 9. 7, 11. Vgl. 7, 28
mit den Anff. — 10) 2, 11. — 11) B. 10. 9, 13. 14. — 12) 9, 26. 12.
7. 25. 5, 9. — 13) 8, 8f. — 14) 9, 15. 8, 6. — 15) 9, 12. — 16) 9,
15f. — 17) 7, 22. 9, 23f. — 18) 8, 1. 2. — 19) 7, 25. 5, 9. 10. —
20) 6, 11f. — 21) 4, 14f.

daran fehlen, daß sie durch das Opferblut Jesu[1]) getrosten Mut
dazu gewinnen, den Weg in das Allerheiligste[2]) und damit
in Gottes Gegenwart zu betreten, wie ihn jener für sie in nicht 20.
erlöschender und wirksamer Vermittelung eröffnet hat, indem er
dem Vorhange des Allerheiligsten[3]) die abscheidende Bedeutung
nahm, da er sein Fleisch ablegend als unser Vorläufer für uns
vor Gott erschienen ist[4]). Fehlt es ihnen doch auch nicht an 21.
einem Priester[5]), welcher in seiner Erhabenheit[6]) als messianischer
König und Sohn Gottes[7]) über das Hauswesen Gottes waltet[8]).
Auf grund davon ziemt es ihnen, Gotte priesterlich mit 22.
aufrichtigem Gemüte in Kraft völliger Glaubensüberzeugung[9])
zu nahen[10]). Haben sie doch durch die Besprengung mit jenem
Blute[11]) die Reinigung der Herzen von der Schuldklage des
bösen Gewissens[12]) zugleich mit der weihenden Waschung des 23.
Leibes im reinen Taufwasser und damit die Weihe zum Priester-
dienst empfangen[13]); so ziemt es sich ihnen das Bekenntnis, dessen
Inhalt die Hoffnung bildet[14]), gegen jede abbeugende Einwir-
kung festzuhalten; eignet doch Treue dem, der durch Verheißung
die Hoffnung erweckt hat[15]). Im Zusammenhange damit ziemt 24.
es sich für sie, ihr Augenmerk auf einander zu richten behufs der
Anfeuerung zu Liebe und guten Werken, eben um deswegen die 25.
christlichen Zusammenkünfte nicht nach der Sitte etlicher im stich
zu lassen, sondern dieselben zur Anspornung auszunützen[16]), wozu
vor allem antreiben muß, daß ja die Leser die Anzeichen für das
Nahen des Gerichtstages[17]) nicht verkennen können. An die- 26.
sem nämlich werden sich die Folgen solcher Vernachlässigung her-
ausstellen. Denn wenn entschlossenes beharrliches Sündigen[18])
im Widerspiel zu der eben vernommenen Aufforderung[19]) sich bei
Christen einstellt, nachdem sie als solche die Offenbarungswahr-
heit erfahrungsmäßig erkannt haben[20]), so erübrigt dafür kein
Sündopfer[21]) mehr, wohl aber jenes fürchterliche Ausschauen auf 27.

---

1) 9, 12. 23. — 2) 9, 8. 24. — 3) 9, 3. 6, 19. — 4) 6, 20.
9, 24. — 5) 7, 17. — 6) 4, 14. — 7) 5, 5. 6. — 8) 3, 6. — 9) 6, 11. 12.
10) 7, 25. 19. 2, 11. 4, 16. — 11) 9, 13. 12, 24. 10, 29. — 12) 9, 14.
10, 2. — 13) 2 Mose 29, 4. 20f. — 14) 4, 14. 3, 1. 6. — 15) 6, 13f.
bef. V. 18. — 16) 3, 13. — 17) V. 37. 38. vgl. Ezech. 30, 3. 9. 7, 10.
12. — 18) 4 Mose 15, 30. 31. Jesaja 66, 24. — 19) Vgl. 3, 12. 13. —
20) 6, 4. — 21) V. 12.

ein kommendes Gericht, und der den Bund hütende Eifer der
göttlichen Zornglut[1]), welche die Widerspenstigen zu vernichten
28. im begriff steht. Auf diesen Ausgang läßt die Vergleichung
mit dem alten Bunde sicher schließen. Jeder Bruch des
mosaischen Gesetzes-Bundes trug auf glaubwürdige Feststellung
29. hin unweigerlich den Tod ein[2]); welcher Strafe wird der wert
erachtet werden, der den neuen Bund dadurch gebrochen hat, daß
er seinen Gütern eine ihrem Wesen gerade widersprechende Behandlung anthat, indem er den Sohn Gottes[8]) verächtlich miß-
handelte[4]) und das Bundesblut[5]) als gemeines schätzte, während
er es doch als Mittel seiner reinigenden Aneignung an Gott erfahren hat[6]), den Geist, der ihn die Gnade[7]) kennen gelehrt,
30. mit freveler Ueberhebung zurückstieß. Kennen die Christen doch
den, der in der Schrift sich wiederholt vergeltende Gerechtigkeit
31. gegen sein Volk beigelegt hat[8]). Wohl ists fürchterlich, unter
dieser Voraussetzung in die Macht des lebendigen Gottes[9]) zu
fallen, der sein Wort auszuführen vermögend und gesonnen ist.

Mit der ausdrücklichen Anwendung auf die Leser treten
auch deren besondere Verhältnisse wieder in den Gesichtskreis[10]).
32. Bei ihnen bedarf es nur der Erinnerung an ihre Vergangenheit,
da sie nach dem Grunderlebnisse der Erleuchtung[11]) Standhaf-
33. tigkeit in vielfachem Leidenskampfe teils in eignem Erdulden,
teils in der Beteiligung an dem andrer (Brüder) bewährten;
34. sowohl in der den Gefangenen bewiesenen Teilnahme, als in
dem fröhlichen Fahrenlassen irdischer Habe, welches die Gewißheit
35. ihnen frommenderen und bleibenden Besitzes sie lehrte. So bedarf es denn nur der Ermunterung zum Festhalten an der getrosten Zuversicht[12]), welcher die überschwängliche Belohnung nicht
36. fehlen kann[13]); dies aber ist unerläßlich, weil nur durch bewie-
sene Standhaftigkeit die Bedingung erfüllt wird, welche
37. Gottes Wille für die Erlangung des Verheißenen stellt[14]). Er-
leichtert und gefordert wird dieselbe durch die Nähe und den Ge-
richtsernst der bekanntermaßen in der Schrift angekündigten Wie-

---

1) 12, 29. Jesaja 26, 11.—2) 5 Mose 17, 2-7. — 3) 1, 1—3. —
4) 6, 6. — 5) 9, 15—20. — 6) 9, 14. 10, 10. 13, 12. — 7) 4, 16 vgl.
15. — 8) 5 Mose 42, 35. 36. Pf. 135, 14. — 9) 3, 12. — 10) 6, 9f. —
11) 6, 4. — 12) V. 19. 3, 6. — 13) 6, 18f. — 14) 9, 15. 6, 12.

berfunft des Heilandes, bei welcher Glaube das Leben, zagender 38.
Abfall aber die Verwerfung durch ihn eintragen wird¹). — Die 39.
Gemeinde mit sich zusammenfassend spricht der Verfasser die Zuversicht aus, daß sie sich in ihrem Leben nicht von jenem Zagen
bestimmen lasse, das zum Verderben, sondern vom Glauben, der
zum Heil der Seele führe²); erinnert sie aber daran, daß dem K. 11. 1.
Glauben die Richtung auf das nur der Hoffnung Zugängliche und
auf unsichtbare Thatsachen und zwar als feste unwiderlegliche
Gewißheit³) inbetreff dessen wesentlich eigne, wie denn alles gott-
gefällige Verhalten der Altvorderen, welchem die in der heiligen 2.
Schrift niedergelegte Geschichte Zeugnis gibt, Bethätigung solchen
Glaubens gewesen sei, aller ihnen zu Teil gewordene Segen Belohnung
desselben. — Glaube ist zum Verständnis der Thatsache erforder- 3.
lich, daß die Welt allein durch Gottes Wort geschaffen worden
ist⁴), wobei die göttliche Absicht waltete, die Nachweisbarkeit eines
sinnlich erfaßbaren Stoffes für das Sichtbare auszuschließen. —
Glaube machte die Opferhandlung Abels im Vergleiche mit der 4.
Kains wertvoller⁵), wie derselbe ihm ja die Bezeugung seiner
Gerechtigkeit in dem göttlichen Zeugnisse bei Gelegenheit seiner
Darbringung eintrug⁶), und ließ⁷) ihn über seinen Tod hinaus 5.
reden. — Glaube war der Anlaß der wunderbaren Entrückung
Henochs; denn dieselbe war nach dem Zeugnisse der Schrift die
Folge des ihm zuteil gewordenen göttlichen Wohlgefallens⁸), dieses 6.
aber setzt bei dem Gotte Nahenden⁹) den Glauben und zwar
den an Gottes Sein und belohnende Vergeltung für die ihn
Suchenden voraus. — Glaube bewog den Noah¹⁰) auf die Ver- 7.
heißung hin, in Rücksicht auf das ihm noch nicht Erkennbare
voller Scheu¹¹), die Arche zur Rettung seines Hauses zu erbauen,
und machte ihn so zum verdammenden Zeugen wider die Welt¹²)
und zum [und er wurde] Empfänger der Gerechtigkeit, welche am
Glauben gemessen wird¹³). — Im Glauben folgte Abraham¹⁴) 8.
dem Rufe in das ihm zum Erbe bestimmte unbekannte Land und
lebte samt Isaak und Jakob, den Mitempfängern¹⁵) derselben 9.

---

1) Habakuk 2, 3f. LXX. — 2) Matth. 16, 25. — 3) 3, 14. —
4) 1 Mose 1, 3f. — 5) 1 Mose 4, 3f. — 6) ebb. V. 4. — 7) ebb. V. 10.
8) 1 Mose 5, 24 LXX. — 9) 10, 22. 7, 25. — 10) 1 Mose 6, 13f. —
11) ebb. V. 17. — 12) V. 38. — 13) 1 Mose 6, 9; Ezech. 14, 14. 20. —
14) 1 Mose 12, 1f. — 15) 1 Mose 26, 23f. 35, 9f.

10. Verheißung, daselbst als Wanderer wie in der Fremde, weil er
      die unwandelbare Stadt (im Himmel) erharrete, welche Gott er=
11. baut hat[1]). Glaube gab auch der Sara im Vertrauen auf die
12. Treue des verheißenden (Gottes)[2]) die Fruchtbarkeit wieder; da=
      rum hat sich auch die Verheißung einer unzählbaren Nachkommen=
      schaft[3]) des einen[4]), und zwar schon erstorbenen Mannes erfüllt.
13. Durch Glauben war die Art bedingt, wie alle diese (Urpatriarchen)
      starben, da sie ja das Verheißene nicht empfangen, sondern nur
      von ferne mit Freude geschaut und sich als Fremdlinge und
14. Wanderer bekannt hatten[5]). Erhellt doch aus diesen Reden, daß
15. sie ein Vaterland suchen; dieses kann nicht das sein, welches sie
      verlassen hatten, da sie sonst Zeit gehabt hätten, heimzukehren,
16. vielmehr begehren sie das bessere d. i. das himmlische. Darum
      schämt sich auch Gott nicht, sich nach ihnen nennen zu lassen[6]),
      denn er hat ihnen (in der That dort) eine Stadt bereitet[7]). —
17. Glaube befähigte den Abraham, sich in der Versuchung zu bewäh=
18. ren, indem er, der Verheißungsempfänger den einzigen Sohn,
      welchem die Verheißung galt[8]), im Vertrauen darauf opferte[9]),
19. daß Gott auch von den Todten zu erwecken vermag; weshalb er
      ihn auch als Gleichnis der (über das Leben beider hinausliegenden)
20. Erfüllung lebendig davon trug. — Glaube veranlaßte den Isaak
      bei der Segnung seiner Söhne über das Künftige zu verfügen[10]).
21. — Glaube ließ den Jakob in anbetendem Vertrauen Josephs
22. Söhne seinen Erben einreihen[11]). — Glaube bewog Joseph in
      der Zuversicht auf die Heimkehr seines Stammes über seine Ge=
23. beine Anordnung zu treffen[12]). — Glaube gab den Eltern des
      Mose den Mut, im Blicke auf die Auszeichnung des Säuglings
24. und im Trotze gegen des Königs Gebot, ihn zu retten[13]). In
25. Glaubenskraft verschmähte er selbst, erwachsen, seine vornehme
      Stellung und zog das Leiden mit dem Gottesvolke der vergäng=
26. lichen sündlichen Ergetzung vor, indem er im Hinblicke auf die

---

1) 12, 22 f. vgl. 8, 9. — 2) 1 Mose 18, 9 f. vgl. Hbr. 10, 23. —
3) 1 Mose 13, 16. 15, 5. 22, 17. — 4) Jesaja 51, 1 f. Mal. 2, 15. Ezech.
33, 24. — 5) 1 Mose 23, 4. 47, 9. — 6) 1 Mose 28, 13. 31, 5. 32, 9.
2 Mose 3, 6. — 7) V. 10. — 8) 1 Mose 21, 12. — 9) 1 Mose 22. —
10) 1 Mose 27, 27 f. — 11) 1 Mose 48, 8 f. vgl. 47, 31. LXX. —
12) 1 Mose 50, 24. 25. — 13) 2 Mose 2, 2 f.

göttliche Vergeltung[1]) die Schmach[2]), welche den verheißenen
Messias in seinem Volke traf, für größeren Reichtum denn
der Aegypter Schätze achtete[3]). In Glaubenskraft verließ er 27.
ohne Furcht vor des Königs Zorn[4]) Aegypten[5]), denn er blieb
dadurch stark, daß er den unsichtbaren (Gott) wie sichtbar vor
Augen hatte. Glaube ließ ihn das Pascha und das Blutanstreichen 28.
vollziehen, um die Israeliten vor dem Verderber der Erstgeburt
zu schützen[6]). — Glaube ermöglichte diesen, das rote Meer wie 29.
trockenes Land zu durchziehen, während die Aegypter bei gleichem
Versuche verschlungen wurden[7]) — Glaube war die Ursache des 30.
Falles der Mauern von Jericho infolge des nach Gottes Befehl
vollzogenen siebentägigen Umzuges[8]). — Glaube entnahm die 31.
Hure Raab dem Geschicke der Ungehorsamen, da sie die Kund=
schafter gastlich aufgenommen hatte[9]). — Genauerer Ausführung 32 f.
müde verfolgt der Verfasser die Geschichte unter den Richtern und
über dieselben hinaus nur andeutungsweise; er erwähnt durch
den Glauben gewonnene Erfolge, wie Eroberung, gerechtes 33.
Walten[10]), Erfüllung einzelner Verheißungen[11]), Errettung von
Löwen[12]), aus Feuer[13]), vom Schwert, aus Krankheit [? Schwach= 34.
heit[14])], Kriegsthaten, Todtenerweckungen[15]). Er geht fort zur 35.
standhaften Erduldung von Leiden; Folter=Tod hat man der
Befreiung im Blick auf die bessere, endgiltige Auferweckung aus
dem Tode vorgezogen[16]); schmachvolle Strafen und Geißelhiebe,
Fesseln und Haft, Steinigung[17]), Zersägung,? Verbrennung[18]) 36. 37.
[Versuchung], Tod durchs Schwert hat man erduldet; auch ein
Leben voll Entbehrungen, wie Umherirren, bekleidet mit
Fellen oder Ziegenhäuten[19]), unter Mangel, Drangsal, Ungemach
in Wüsten, Gebirgen, Höhlen und Erdklüften ist von solchen 38.
ertragen, deren die Welt, welche sie ausstieß, nicht wert war. —
— Und wenn nun diese insgesamt, obwohl der Bezeugung[20]) 39.

---

1) Hbr. 11, 6. 10, 35. — 2) 13, 13. — 3) 2 Mose 2, 11. —
4) 2 Mose 10, 28 f. 14, 5. — 5) 2 Mose 12, 37 f. — 6) 2 Mose 12. —
7) 2 Mose 14. — 8) Josua 6. — 9) Josua 2. 6, 22 f. Vgl. Hbr. 3, 18. —
10) 1 Sam. 12, 4. 2 Sam. 8, 15. 2 Chron. 9, 8. — 11) Z. P. Jesaja
36. 37. 38. Daniel 5. 1 Kön. 17 f. — 12) Daniel 6. — 13) Dan. 3. —
14) Richter 16, 28 f. — 15) 1 Kön. 17, 21 f. 2 Kön. 4, 32 f. — 16)
2 Maktab. 6, 18 f. vgl. 7, 9 f. — 17) 2 Chron. 24, 20 f. — 18) 2 Matt.
6, 11. 7, 3 f. — 19) 1 Kön. 19, 13. 19. 2 Kön. 1, 8. 13. Sacharja
13, 4. — 20) V. 2.

durch ihren Glauben teilhaft geworden, das Verheißungsgut
40. bei ihren Lebzeiten nicht zu eigen gewonnen haben¹), so ist das,
da Gott den Christen einen Vorzug vor ihnen zugedacht hatte,
mit dem Absehen so gefügt, daß ihnen die Vorbedingung jenes
Gewinstes, die ein für allemal zu vollziehende Vollendung²),
12, 1. nicht unter Ausschluß der Christen zuteil würde. Welch ein Be=
weggrund für diese, auch ihrerseits Standhaftigkeit in dem
Kampfspiel des Christenlaufes zu beweisen! Umlagert sie doch
die so große, unzählbare Schaar dieser mit ihnen Vollendeten³)
als Zeugen ihres Verhaltens; so ziemt es ihnen, unter Beseitigung
alles Hemmenden, zumal der fest anhaftenden Sünde⁴) standhaft
2. den ihnen beschiedenen Kampfeslauf zu vollenden. Können und
sollen sie doch ihr Augenmerk von allem Abhaltenden weg auf den
richten⁵), der den Glauben als selbst geübter vorbildlicher
Führer⁶) der Glaubenden auch zu seinem Ziele gebracht hat,
Mittel für den Anteil an der Vollendung zu sein⁷), nämlich auf
Jesum, sofern er ja um der ihm als Preis bereitgestellten Freude⁸)
willen standhaft den Kreuzestod unter Verachtung der Schmach⁹)
erdulbet hat und dann auch in die Gemeinschaft der Majestät
Gottes eingetreten ist¹⁰).
3.   Dergestalt Jesu zu erwähnen, hat der Verfasser seinen Lesern
gegenüber Grund, denn er will, daß sie vergleichend (von ihrem
Geschicke) auf eben ihn, wie er den bekannten Widerspruch von=
seiten der (ungläubigen) Sünder gegen ihn standhaft erdulbet
hat, hinschauen, damit sie nicht in ihrem Laufe ermatten, in
ihrem Inneren der Erschlaffung verfallen, vor der doch Gottes
4. Wort¹¹) warnt. Ohne bereits das Aeußerste im Widerstande bei
dem Kampf gegen die zum Abfall versuchende Sünde¹²) geleistet
5. zu haben, haben sie doch schon die Ermunterung in der Schrift¹³)
vergessen, welche mit ihnen doch als mit Kindern verhandelt. Die=
selbe warnt vor Mißachtung der göttlichen Züchtigung durch Leiden
6. und vor Erschlaffung unter deren Druck, denn in solcher Züch=
tigung des Herrn empfängt man den Beweis seiner Liebe und
7. der Anerkennung als seines Sohnes. Zur Züchtigung (also)

---

1) vgl. 10, 36. — 2) 10, 14. 12, 23. — 3) 11, 40. — 4) 5, 2. —
5) 3, 1. — 6) 2, 10. — 7) 11, 39. 40. 10, 14. — 8) 6, 18. — 9) 6, 6.
— 10) 10, 12. 1, 3. — 11) B. 5. — 12) 10, 26f. 3, 12f. — 13) Sprüche
3, 11f. LXX.

gereicht es ihnen, wenn sie ihren Leiden Stand halten; in
deren Verhängung gibt ihnen Gott nach allgemein geltender
Regel Kindesrecht, während das Ausbleiben der von allen (Gottes= 8.
menschen) erfahrenen Züchtigung sie von der echten Gotteskind=
schaft ausschließen würde. Hat man dem entsprechend sich selbst= 9.
verständlich der Züchtigung vonseiten der Erzeuger des leiblichen
Lebens untergeordnet, wie viel natürlicher ist die Unterordnung
unter den Erhabenen, welcher aller Geistwesen, somit auch unseres
geistigen Wesens Vater ist, mit dem unzweifelhaften Erfolge des
Lebensgewinnstes[1]). Hierzu muß ja auch die Erwägung der 10.
beiderseitigen Erziehungsweise führen, sofern die Züchtigung jener
bei einem der Zeit nach eingeschränkten Wirkungsgebiete nur nach
menschlichem Gutbünken bemessen wurde, dieser aber unzweifel=
haft das Frommende erzielt, nämlich die Teilnahme an der ihm
selbst eignen Heiligkeit[2]). Scheint freilich jede, auch die göttliche 11.
Züchtigung während ihrer Dauer nur Leid einzutragen, so ver=
leiht sie doch danach den durch sie Geübten friedvollen Ertrag,
welcher in Gerechtigkeit besteht[3]). Darum soll die Gemeinde sich 12.
mit ihren durch jenen Kampf ermatteten Händen und erschlafften
Knieen[4]) aufraffen und durch feste Richtung ihrer gläubigen 13.
Lebensführung ebene Bahnen schaffen[5]), welche die hinkenden,
zum Zurückbleiben neigenden, Glieder am Ausbiegen[6]) hindernd,
sie zu heilen geeignet sind. Ihre Aufgabe ist es, um Friedensstand 14.
nach allen Seiten sich zu bemühen und zugleich für sich selbst um
den Ertrag der göttlichen Zucht[7]), die Durchführung der erfahrenen
Heiligung, deren Niemand entraten kann, um bereinst den Herrn
zu schauen[8]) und so die volle Gemeinschaft mit ihm zu erlangen.
Eben hierzu muß im Gemeindeleben sorgsam dem vorgebeugt 15.
werden[9]), daß jemand sich durch Rückfall der Gnade Gottes[10])
entziehe; daß ein Abfall zur Ursache der Verwirrung[11]) und der
entheiligenden Befleckung[12]) für die Menge der Gemeinde werde;

---

1) 10, 38. 39. vgl. zu 12, 11. — 2) 2, 11. 3 Mose 11, 44. —
3) 11, 7. 4 Sprüche 11, 30. — 4) V. 3. 4. Jesaja 35, 3. — 5) Sprüche
4, 26 f. LXX 3, 6. 11, 5. — 6) Pf. 18, 46. — 7) V. 10. 11 vgl. 9, 13.
14. — 8) Matth. 5, 8 vgl. Hbr. 10, 22. 9, 14. — 9) 10, 24. 3, 12. —
10) 10, 29. — 11) 5 Mose 29, 18 LXX. — 12) vgl. 10, 22. 23 und
9, 13. 14.

16. baß jemand in Ehe= d. h. Bund=brüchiger[1]) oder befleckender
irdischer Gesinnung dem Esau gleich werde, dem um einen einzelnen
Sinnengenuß sein Erstgeburtrecht in Abrahams Geschlecht[2]) feil

17. war[3]) Der den Lesern bekannte weitere Verlauf dieses Vor=
ganges prägt den Ernst seiner Vorbildlichkeit ein. Esau wurde
auch nachher, als sein Verlangen sich auf den Erwerb des jenem
Rechte entsprechenden Segens richtete[4]), desselben unwert erachtet[5]),
— da für Sinnesänderung, durch welche das Gegenteil bedingt
war, die Möglichkeit sich ihm nicht bot — obwohl er jenen Segen
unter Thränen zu erlangen strebte[6]); [denn für . . war, bot . .
nicht, obwohl er sie unter . . .[7])].

Inkraft des auf das Jenseits und auf die Zukunft gerichteten
Sinnes sich nicht von dem Stande der Zugehörigkeit zu Gott
und Gemeinschaft mit ihm[8]) abdrängen oder abziehen zu lassen,
in diese Forderung faßt sich so ausdrücklich auch der Anspruch

18—25. an das gemeinbliche Verhalten zusammen.[9]) Und dazu sind die
Leser durch die Lage befähigt und verpflichtet, in welche sie als
Christen versetzt und durch dieselbe vor Israel bevorzugt sind,
wie dessen Lage sich in den Vorgängen der alttestamentlichen

18f. Bundesschließung darstellt; denn sie sind in wirksame Beziehung
getreten zu den jetzt noch jenseitigen Gütern[10]) und in derselben

25f. begnadigt, stehen aber auch unter der Verantwortung gegenüber
der abschließenden Verheißung[11]), welche der jetzigen Endzeit[12])

18. gilt. Was sie nicht vor sich haben, das ist eine Gottesoffenbarung

19. auf sinnlich greifbarer Stätte und durch eine von erschreckenden
sinnenfälligen Erscheinungen begleitete, hörbare Rede[13]), deren

20. weiteres Vernehmen die Hörenden sich verbaten[14]), weil ihnen das
fernhaltende, mit Steinigung drohende Verbot[15]) unerträglich

21. war, wie auch die schreckende Erscheinung den Mose nach seinem

22f. eignen Geständnisse in Schrecken versetzte[16]). Was sie vor sich

---

1) 3 Mose 20, 6. 4 Mose 14, 33. Pf. 73, 27. Hosea 2f. —
Weish. 14, 12 vgl. Jak. 4, 4. — 2) 11, 17f. 2, 16 vgl. 17. — 3) 1 Mose
25, 29—34. — 4) ebd. 27, 31. 32. — 5) ebd. B. 35. 37. — 6) ebd. B. 34.
36. 38. — 7) 6, 6. — 8) vgl. 10, 35f. 6, 11f. 3, 12—14 vgl. B. 6 und
2, 11—17. — 9) 10, 32 — 12, 17. — 10) 10, 1. 9, 11. — 11) 6, 17f.
4, 1f. — 12) 1, 1. 9, 26. — 13) 2 Mose 19, 16f. 5 Mose 4, 32f. 5, 2f.
— 14) 2 Mose 20, 18f. 5 Mose 5, 23f. 18, 16f. — 15) 2 Mose 19, 12f.
16) ? 5 Mose 9, 19f.

haben, das ist imgegenteil der jenseitige Ort der Gemeinschaft
Gottes mit den Seinen, sowie die Bürgschaften und Vermittelungen
für die Zugänglichkeit dieser Stätte. Das ist der Zion, die 22.
Thronstatt Gottes [1]) und seines Gesalbten [2]), und die Stadt, in
deren Begründung der lebendige Gott [3]) den Glauben an seine
Verheißung rechtfertigt [4]), das himmlische Jerusalem [5]); und
seine [? unzählbare] Einwohnerschaft, die — unzählbaren [6]) —
Engel in ihrer Festversammlung und die irdische Gemeinde [7]) 23.
von [? aus lauter] Erstgeborenen [8]) Gottes, die im Himmel in
die Bürgerrollen eingetragen sind [9]). Zugleich sind sie ferner ge-
nahet, ohne zurückgeschreckt zu werden [10]), zu dem Richter [11]), welcher
der Gott und Machthaber über alle ist, und zu denen, welche
durch ihre Gemeinschaft mit ihm seine Zugänglichkeit beweisen, zu
den leiblosen Geistern der Gerechten [12]), welche an der einmaligen
Vollendung Anteil genommen haben [13]), und zu dem (Urheber 24.
hiervon, dem) Mittler des neuen wirkungsfrischen [14]) Bundes [15]),
zu Jesu selbst [16]), und zu dem Blute der Besprengung, welches
jedem die reinigende Priesterweihe verleiht [17]), indem seine Stimme
wirksamer bei Gott ist [? heilsameres redet] als Abels [18]). An 25.
diese Erinnerung knüpft sich die Warnung davor, sich, wie die
Juden am Sinai [19]) die Offenbarungsrede zu verbitten, und in
dieser fort und fort ergehenden Rede den redenden Gott abzu-
weisen [20]). Die Begründung liegt in der Vergleichung der Lage
und des Geschickes. Jene sind der Strafe nicht entgangen [21]) auf
den Vorgang hin, der sich in ihrem Verbitten und in der göttlichen Bekundung auf Erden vollzog; wie viel mehr wird das
bei den Christen der Fall sein, die in der Lage sind, dem sich
vom Himmel her [22]) Kundthuenden den Rücken zu kehren, zumal 26.
in anbetracht der Art und des Inhaltes seiner Rede. Hat seine

---

1) Pf. 9, 12. 74, 2. Jesaja 8, 18. Joel 3, 22. — 2) Pf. 2, 6.
— 3) 3, 12. 9, 14. — 4) 11, 10. 16. — 5) vgl. Jesaja 24, 23. —
6) 5 Mose 33, 2. Dan. 7, 10. — 7) 2, 12. — 8) B. 16. vgl. entweder
2 Mose 4, 22f. oder 2 Mose 13, 11f. 22, 29. 4 Mose 3, 11f. — 9) Lukas
10, 20 vgl. Philipp. 3, 20. — 10) B. 20. — 11) Jesaja 5, 15. 16. vgl.
Dan. 7, 9f. — 12) 11, 4. 7. 39. — 13) 11, 40. 10, 14. — 14) 10, 19.
— 15) 7, 22. 9, 15f. — 16) 2, 9. — 17) 9, 19. 20. 10, 29. 10, 22.
0, 13. 14. — 18) 11, 4. — 19) B. 19. — 20) 1, 1. — 21) 2, 2. 3. —
22) B. 22f. vgl. 6, 4. 5.

Stimme damals am Sinai (als erweckendes begleitendes Zeichen[1]) neben der Verkündigung) die Erde erschüttert[2]), so ergeht sie[3]) in der Gegenwart durch die vorhin aufgezeichnete Verheißung[4]), in welcher Gott von sich aussagte, die allein erübrigende, von ihm ausgehende Erschütterung werde nicht allein die Erde, sondern

27. auch den Himmel umfassen[5]). Indem aber dieses jede andre solche Erschütterung ausschließt, deutet es auf die entscheidende Wandelung der Gesamtheit alles Vergänglichen[6]), dessen schöpfungs= mäßige Beschaffenheit darauf hinweist, daß es in seiner Vorläufig=

28. keit durch das unvergängliche All[7]) ersetzt werden soll [? sofern dasselbe eben dazu geschaffen ist, um das Unvergängliche zu er= harren]. Deshalb bieweil sie ja imbegriff stehen, ein unver= gängliches Königreich[8]) anzutreten, geziemt den Christen dankbare Gesinnung, die zur Triebkraft werden muß, Gotte wohlgefälligen

29. Dienst[9]) unter Scheu und Furcht zu leisten, da es diesem ihrem Gotte ja wesentlich ist, seine Macht jeder Abwendung gegenüber vernichtend zu bethätigen[10]).

K. 13.　　　Zu solchem Dienste folgt Anweisung in Ermahnungen, alle das gemeinsame Leben betreffend, vielfach durchaus allgemeingiltig, aber wohl unverkennbar dem Zustande der angeredeten Gemein= schaft besonders angepaßt.

1. 2.　　　Aufforderung zum Festhalten an der Bruderliebe[11]), indem man den Sinn auf Gastfreundschaft richtet, die unerkannten

3. Engelbesuch eingetragen hat[12]), sowie auf die Teilnahme für Ge= fangene, indem man sich in ihre Lage versetzt[13]), und für Ge=

4. plagte, indem man der eignen Leidensfähigkeit gedenkt; — zur allseitigen Hochhaltung der Ehe[14]) und zur ehelichen Keuschheit, unter Hinweis auf Gottes Richterernst gegen jede Verletzung der=

5. selben; — zum Wandel frei von Geldgeiz und in Genügsamkeit bei dem Vorhandenen, indem man gestützt auf Gottes Zusage

6. der Fürsorge im Schriftwort[15]) sich seiner Hilfe in allen von Menschen zu befahrenden Lagen getröstet[16]).

---

1) Vgl. 2, 4. — 2) Pf. 68, 9. 114 bef. V. 7. Richt. 5, 4. (2 Mose 19, 18). — 3) 3, 7f. vgl. 4, 7. 1, 5f. — 4) 6, 5. — 5) Haggai 2, 6. — 6) 1, 12. — 7) 10, 34. 13, 14. 2, 5. — 8) vgl. 2 Mose 19, 6. Daniel 7, 27. — 9) 9, 14. 9. 10, 2. vgl. 11, 5. 6. 13, 15. — 10) 5 Mose 4, 23. 24. Jesaja 10, 16f. vgl. Hbr. 10, 26—31. — 11) 6, 10. — 12) 1 Mose 18. 19. — 13) 10, 33. 34. — 14) 1 Tim. 4, 3. — 15) 5 Mose 31, 6. 1 Chron. 28, 20 vgl. Josua 5, 1. 1 Mose 28, 15. — 16) Pf. 118, 6.

Beim Eingehen auf die im engeren Sinne gemeindlichen 7f.
Angelegenheiten, treten zwischen die Erinnerung an die ehemaligen
und die gegenwärtigen Leiter der Gemeinde Ermahnungen, welche
den Einfluß jüdischer Richtungen und Beziehungen zu brechen
streben. Treues Gedenken an ihre Leiter, als an die welche ihnen 7.
(zuerst) das Wort Gottes verkündigt haben[1]), ziemt sich und
soll dazu führen, daß die Betrachtung des Ausganges, welchen
der Lebenswandel derselben in ihrem Sterben gewonnen, zur
Nachahmung ihres Glaubens[2]) treibe. Ist doch dessen Gegen= 8.
stand, Jesus Christus, wie zu deren jüngst verflossener Zeit so in
der Gegenwart derselbe und ists in Ewigkeit[3]). — Durch bunt= 9.
scheckige und jener Verkündigung fremdartige Lehren sollen sie
sich nicht von der eben angedeuteten rechten Bahn abziehen lassen;
denn löblich ist's, durch Gnade[4]) ein seines Weges und Zieles
gewisses, festes[5]) Herz zu gewinnen, nicht aber (worauf jene Leh=
ren führen) durch Verhalten inbetreff von Speise[6]) [? danach
zu streben], indem benjenigen, welche danach ihre Lebensführung
gestaltet haben, kein Nutzen[7]) daraus erwachsen ist. — (Daß 10f.
diese, den damaligen Lesern wohlverständliche, Anspielung sich auf
eine Richtung beziehe, welche eine fortdauernde Geltung dem Ge=
setze verwandter Ordnungen für Christen betonte, wird dadurch
wahrscheinlich, daß eine Aufforderung, zwar ohne ausdrückliche
Anknüpfung, folgt, sich von dem alttestamentlichen Staate zu
trennen und einen andern Gottesdienst anstelle des seinigen zu
setzen. In dem sinnbildlichen Nachweise, daß das Gesetz selbst
die ihm sich Unterordnenden von der Genossenschaft des Messias[8])
ausschließe, ist die eigentümliche Verwendung der Ordnung über
die priesterlichen Opfermahlzeiten[9]) vielleicht dadurch veranlaßt,
daß zuvor von einem Wert legen auf Speisen die Rede war.)
Was die Christen als Altar besitzen, ist von der Beschaffenheit, 10.
daß ein Anrecht auf Genuß davon für die Diener des (alttesta=
mentlichen) Zeltes[10]) ausgeschlossen ist; denn von den Thieren, 11.
deren Blut (namentlich beim Versöhnopfer, dergleichen Christi

---

1) 2, 3. — 2) 11, 13f. — 3) 1, 12. vgl. 7, 24. 25. — 4) 4, 16.
vgl. 14. 10, 29. — 5) 6, 18f. bef. 19. 3, 14. vgl. Kol. 2, 6f. —
6) ? Kol. 2, 16f. Röm. 14, 2f. 17. vgl. 1. Kor. 8, 8; oder Hbr. 9, 10.
13, 10. — 7) vgl. 7, 18. — 8) 3, 14. 6. — 9) 4 Mose 18. vgl. 3 Mose
6, 22f. — 10) 4 Mof. 18. 2. 31. 6. 23. vgl. Hbr. 9. 1. 6—10. 21. 23f. 8, 5.

Opfer ist) in das Allerheiligſte durch den Hohcprieſter gebracht
wird, werden die Leiber dem Genuſſe entzogen durch Verbrennung
12. und zwar außerhalb des Lagers[1]). Deshalb hat auch Jeſus
(eben als beſſen Gegenbild), um die Opferweihe durch ſein eignes
Blut (d. h. in ſeiner Selbſtdarbringung[2]) im himmliſchen Aller=
heiligſten für das Volk Gottes[3]) zu vollziehen, außerhalb des
Thores gelitten[4]) [und iſt damit dem Volke des Geſetzes über=
haupt entzogen, ſofern jene Weihe nicht getrennt von ihm und
ſeinem weiteren Erlebnis durch einen andern mit fremdem Blute
vollzogen[5]), ſondern nur ʺdurch Gemeinſchaft mit ihm ſelbſt[6])
13. empfangen werden kann.] So ziemt ſichs nun für die Chriſten
hinauszutreten zu ihm (wo er ſich in ſeiner hoheprieſterlichen
Thätigkeit befindet, nämlich) außerhalb des dem Lager entſpre=
chenden altteſtamentlichen Volkskörpers, unter bereitwilliger dau=
ernder Uebernahme der Schmach[7]), welche auf ihn vonſeiten Is=
14. raels in der Ausſtoßung zu jenem Leiden geworfen iſt[8]). Das
kann den Chriſten nicht ſchwerfallen; ihnen eignet ja hienieden
nicht ein Heimweſen für die Dauer gleich der Stadt Jeruſalem,
15. ſondern ihr Strebeziel iſt die künftige Stadt[9]). Demgemäß iſt
er, zu dem ſie hinausgetreten, der Vermittler für den ihnen aller=
dings geziemenden Opferdienſt[10]), in welchem ſie das Gegenbild
des Lobopfers[11]) Gotte unaufhörlich darzubringen haben, den Er=
16. trag der ſeinen Namen preiſenden Lippen[12]); daneben ſollen die
Angeredeten der Wohlthätigkeit und Mitteilſamkeit nicht ver=
geſſen, weil ſolche Opfer Gottes Wohlgefallen[13]) erwerben.[14]). —
17. Ihren Leitern ſollen ſie Folgſamkeit und Nachgiebigkeit erzeigen,
weil deren Amt ihnen zu dienſt ein beſchwerliches und verant=
wortliches iſt, damit dieſelben es mit Freuden ausüben und nicht
mit Seufzen; denn das letzte gereicht ihnen, den Gemeindegliedern
18. zum Schaden. — Zur Fürbitte für ihn ſelbſt fordert der Ver=
faſſer auf, nicht ohne als Begründung zu betonen, daß er meine,
ſich ein gutes Gewiſſen zuſprechen zu dürfen, aufgrund ſeines

1) 3 Moſe 16, 27. vgl. 4, 11f. 21. — 2) h, 12—14, 23f. — 3) 10,
10. vgl. 9, 19. 20. mit V. 11—14. 10, 22. 23. 29. — 2, 17. — 4) 9, 26
vgl. 10, 10 Darbringung des Leibes. — 5) 9, 25. — 6) 2, 11. 10, 19.
4, 14 vgl. 3, 14. — 7) 12, 3f. — 8) 12, 2. 3. vgl. 11, 26. — 9) 11, 14.
16. vgl. 12, 22. vgl. V. 27. 28. — 10) 12, 28. — 11) 3 Moſe 7, 12f. Pſ. 50,
14. 23. — 12) 6, 10. Hoſea 14, 3 LXX. — 13) 11, 5. 6. — 14) 10. 8.

Beſtrebens, in allen Beziehungen ſich ſtetig richtig zu verhalten.
Zumal aber ſoll ihr wie ſein Abſehen dabei auf beſto bälbere 19.
Wiedervereinigung gerichtet ſein.

Daran ſchließt ſich des Verfaſſers fürbittenber Wunſch für 20.
die Leſer; in bemſelben brückt er zunächſt ben Grund ſeiner Zu=
verſichtlichkeit in einer ausgeführten Bezeichnung Gottes aus. Er
nennt ihn nach bem Frieben, ben wir von ſeinem Walten er=
hoffen[1]), weil er ja ben aus bem Totenreich heraufgeführt hat,
ber burch bas Blut bes Opfers für bie Begründung unb Ver=
bürgung bes ewigen[2]) Bunbes[3]) zum erhabenen[4]) Hirten ber
Heerbe Gottes[5]) geworben iſt, ben zum Herrn ber Chriſten ge=
worbenen Jeſus. Unb er wünſcht, baß berſelbe bie Leſer in 21.
allem, was gutes Werk heißen mag, zubereite zur wirklichen
Durchführung ſeines Willens[6]), indem er ſelbſt in ihnen bas,
was ſein Gefallen finben kann[7]), wirkt[8]), burch Jeſum Chriſtum,
welchem die Herrlichkeit für bie Ewigkeit gebührt[9]).

Zuletzt bittet er um freunbliche Aufnahme ſeiner ja kurz 22.
gefaßten Zurebe; teilt ihnen bas Geſchick bes Timotheus mit, 23.
in beſſen Begleitung er bei günſtiger Fügung ſie wiederzuſehen
hofft; trägt Grüße an alle ihre Leiter unb alle Chriſten auf, be= 24.
ſtellt ſolche von Italienern; unb ſchließt mit bem Gebete um 25.
Gnabe für ſie alle.

---

1) 12, 11. 7, 2. Vgl. 4, 9. 10 u. 12, 11. (Ezech. 34, 25. —
2) Jerem. 32, 40. 50, 5f. vgl. Hbr. 8, 8f. Jeſaja 55, 3. 61, 8. Vgl.
Hbr. 7, 22. 24. 25. 9, 12. 5, 9. 8, 6. — 3) 10, 29. 9, 19. 15 vgl. 12, 24.
— 4) 4, 14. 10, 21. — 5) Vgl. Jeſaja 63, 11, u. Hbr. 3, 2f. — (Ezech.
34, beſ. 11f. 24. 25. Joh. 10, 11. 18. vgl. 17, 19 u. Hebr. 10, 10. 2, 11.
— 6) 10, 36. — 7) V. 16. 9, 14. — 8) 8, 10. 10, 16. — 9) 1, 6. 8, 1.
1, 3. 13, 8.